Die Baugeschichte,
das Leben am Hof, die Gärten und
das «Blühende Barock»

Gerhard Bäuerle · Michael Wenger

Schloß
Ludwigsburg

G. Braun

Vorhergehende Seite: Im Oval-Bassin des Südgartens spiegelt sich das „Neue Corps de logis" des Ludwigsburger Residenzschlosses.

Rechts: Der ägyptisierende Löwentisch aus dem zerstörten „Blauen Marmorsaal" des Neuen Schlosses in Stuttgart steht heute im „Assembléezimmer".

G. BRAUN BUCHVERLAG 𝄐

© 1998 G. Braun GmbH & Co., Karl-Friedrich-Straße 14–18, 76133 Karlsruhe
Gestaltung: Robert Dreikluft
Satz: Barbara Herrmann, Freiburg

INHALT

„Königliche Residenz zu Ludwigsburg" – Biedermeier-Flaneure im Ludwigsburger Südgarten (Carl v. Obach, Lithographie, um 1835).

„Favorite Park" – König
Wilhelm I. von Württemberg
siedelte – von landwirtschaft-
lichem Nützlichkeits-Denken
durchdrungen – eine Rinder-
und Schafzucht im Favorite-
Park an (Julius Schnorr, Anton
Braith, Illustration aus „König
Wilhelm von Württemberg in
seinen ländlichen Beschäfti-
gungen", 1865).

8

9

VOM JAGDSITZ ZUM RESIDENZSCHLOSS

Die Baugeschichte des Schlosses unter Herzog Eberhard Ludwig von Württemberg

Jagdsitz und Lustschloß

Der Name Herzog Eberhard Ludwigs von Württemberg (Regierungszeit 1693 bis 1733) wird stets in einem Atemzug mit der gewaltigen Ludwigsburger Schloßarchitektur genannt. Innerhalb von dreißig Jahren wuchs der Palast vom Jagdsitz zu einer der größten Barockanlagen Europas heran. Eberhard Ludwig gründete zugleich die regelmäßig angelegte Stadt und schuf ausgedehnte Gärten. Seine Nachfolger, Herzog Carl Eugen (Regierungszeit 1744–1793) und Herzog Friedrich II. (Regierungszeit 1797–1816), der für Württemberg 1806 die Königskrone errang, veränderten und erweiterten das Ensemble. Sie umgaben es mit der Pracht einer Hofhaltung von europäischem Format, deren Abglanz bis heute in weiten Teilen erlebbar geblieben ist.

Die Geschichte des Ludwigsburger Schlosses nimmt ihren Anfang in einer Zerstörung. Im Laufe des Pfälzischen Erbfolgekriegs (1688–1697) drangen die Truppen Ludwigs XIV. von Frankreich nach Württemberg vor. 1692 wurde der Regent für den unmündigen Erbprinzen Eberhard Ludwig von den Franzosen entführt. Daraufhin erklärte Kaiser Leopold I. den 16jährigen für mündig. Das Jahr seines Regierungsantritts, 1693, brachte für den jugendlichen Eberhard Ludwig großes Unheil. Die Franzosen verwüsteten Teile seines Landes und zerstörten auch den herzoglichen Jagdsitz „Erlachhof". Bis zum Ende des Krieges konnte weder an dessen Wiederaufbau noch an die Entfaltung einer angemessen-barocken Hofhaltung gedacht werden.

Nach dem Friedensschluß 1697 unternahm Eberhard Ludwig zunächst Reisen nach England sowie in die südlichen und nördlichen Niederlande. Zugleich gewann seit der Hochzeit mit Johanna Elisabetha von Baden-Durlach ein gewisses Prunkbedürfnis mehr und mehr Raum. Es galt jedoch in erster Linie dem Schauspiel, der Oper und der Jagd. Allein der neue Bau des „Erlachhofs" (ab 1697) kann als erster, wenn auch noch bescheidener Versuch gelten, zeitgemäße Architektur im Land zu etablieren. Der Spanische Erbfolgekrieg (1701–1714) brachte die Bautätigkeit zunächst zum Erliegen, bis Eberhard Ludwig nach dem Sieg über die französisch-bayrischen Truppen 1705/06 die ausladenden Schloßbauten des geflohenen Kurfürsten Max Emanuel in München besuchte: Sein Ehrgeiz, es dem großen östlichen Nachbarn Württembergs gleichzutun, war geweckt.

Bereits 1705 hatte er dem Bauprojekt „Erlachhof" den klangvolleren und seine eigene Person verherrlichenden Titel „Ludwigsburg" gegeben. Nun sollte auch eine diesem Anspruch angemessene Architektur entstehen. Der bisherige einheimische Baumeister Philipp Joseph Jenisch genügte dem Herzog hierfür nicht mehr. Im italienisch geprägten böhmisch-österreichischen Kunstkreis fand er schließlich einen Architekten, der mit dem „modernen Gusto" des Barock vertraut war. Johann Friedrich Nette, geschult an Bauwerken um Prag und am Wiener Hof, brachte nicht nur den neuesten Stil kaiserlichen Charakters, sondern auch eine Schar im gleichen Umfeld ausgebildeter Künstler nach Württemberg. Nun schickte sich Eberhard Ludwig an, sowohl mit den Schlössern Max Emanuels von Bayern als auch mit der Rastatter Gründung des Markgrafen Ludwig Wilhelm von Baden-Baden, dem „Türkenlouis", in Konkurrenz zu treten.

Johann Friedrich Nette vollendete das „Alte Corps de logis" (der Alte Hauptbau) auf den Gründungen Jenischs und fügte dem einer italienischen Villa ähnlichen, flachgedeckten Bau seitlich zwei Trakte an. Diese wurden über Galerien mit dem Hauptgebäude „locker" verbunden, so daß eine „offene Dreiflügelanlage" mit einem hufeisenförmigen Grundriß entstand. So konnte Nette dem barocken Ideal folgen und zugleich in dieser „Offenheit" der Architekturtheorie der Zeit gemäß zum Ausdruck bringen, daß es sich bei Ludwigsburg nicht um eine Residenz, sondern um ein Jagd- und Lustschloß handelte.

Das „Alte Corps de logis", das 1709 vollendet war, beherbergte in der Westhälfte der Beletage das Appartement des Herzogs und auf der Ostseite ein ebensolches, das – da die Herzogin in Stuttgart lebte – von der Erbprinzessin Henriette Marie bewohnt wurde. Im Erdgeschoß waren zwei ungefähr gleichartige Wohnungen eingerichtet. Zwar existierte ein weites Treppenhaus und im zweiten Obergeschoß eine Bildergalerie, aber ein zentraler Saal fehlte. Bis 1712 wurde der westliche Flügelbau, der „Ordensbau", fertiggestellt. Hier nahm ein Festsaal nahezu die gesamte Beletage ein. Sein Pendant, der „Riesenbau", wurde mit einer pompösen Treppe und einem reichgeschmückten, später unterteilten Saal ausgestaltet. Von 1712–1715 fügte Nette als Verbindung die beiden Galeriebauten an, die in den überbordend ausgestalteten Pavillons ein Ziel fanden: dem „Jagdpavillon" im Westen und dem „Spielpavillon" im Osten. Bis zum Tod Nettes 1714 war ein hierarchisch um das „Alte Corps de logis" gruppiertes und opulent dekoriertes Ensemble entstanden, wie man es in Württemberg noch nicht gesehen hatte.

Mehr und mehr zog sich Eberhard Ludwig in seine neue Gründung zurück, bei der ab 1709 auch eine regelmäßig angelegte Stadt begonnen worden war. Es sollte nur noch wenige Jahre dauern, bis der Entschluß fiel, den Hof und dann die Residenz ganz nach Ludwigsburg zu verlegen.

Baulust im Barock

Daß der Herzog seiner Gründung den Vorzug vor Stuttgart gab, hatte verschiedene Ursachen. Als der Aufstieg Ludwigsburgs vom Jagdsitz zum Barockschloß begann, trat auch eine Frau in das Leben Eberhard Ludwigs, die fortan nicht nur ihn, sondern durch ihn das Land beherrschen sollte: Wilhelmine von Grävenitz. Innerhalb weniger Jahre hatte sie Eberhard Ludwig derartig betört, daß er sie 1708 sogar heiratete. Der Skandal über die Doppelehe des Herzogs fand in halb Europa Widerhall, und der Kaiser forderte ultimativ eine Aufhebung dieser Verbindung. Nach erfolgter Auflösung wurde die Grävenitz sogar des Landes verwiesen, um aber nach relativ kurzer Zeit im Triumph zurückzukehren: der untröstliche Eberhard Ludwig verheiratete sie mit dem Grafen von Würben, dem württembergischen Landhofmeister. Hierdurch hatte er sie dem moralischen Kreuzfeuer entzogen und zugleich in eine Position gebracht, die ihre Anwesenheit am Hof legitimierte. Daraufhin erschien sie, nachdem ihr Gatte

Herzog Eberhard Ludwig von Württemberg wurde von Antoine Pesne 1731 gemalt. Der Künstler stattet ihn mit den Insignien eines Feldherren aus und zeigt ihn zugleich als regierenden Fürsten.

anderweitig versorgt worden war, 1711 wieder in Ludwigsburg und erhielt ein Appartement im Schloß, das direkt unter dem des Herzogs lag.

Je weiter das „moderne" Ludwigsburg heranwuchs, desto deutlicher zeigte sich die Abkehr Eberhard Ludwigs von Stuttgart mit seinem unzeitgemäßen Renaissanceschloß. Je stärker die Position der Grävenitz wurde, desto klarer manifestierte sich seine Abneigung gegen den in der Hauptstadt situierten Hof, an dem er der Kritik durch seine Gemahlin ausgesetzt war. Zugleich mußte sich der Herzog der „Landschaft", der württembergischen Ständevertretung, erwehren. Die zur Mitregentschaft befugte Institution verurteilte die Ausgaben in Ludwigsburg und den zum Absolutismus neigenden Regierungsstil Eberhard Ludwigs. Diese Attacken trugen dazu bei, daß der Herzog Ludwigsburg erweiterte, um sich alsbald dorthin zurückziehen zu können.

Der Einfluß, den die Grävenitz auf die sukzessive Verlegung des Hofes von Stuttgart nach Ludwigburg ausübte, war nicht unbeträchtlich. Größere Bedeutung besaß jedoch sicherlich das Repräsentationsbedürfnis des Herzogs, der mittlerweile eine glänzende Militärkarriere absolviert hatte. Er war im Spanischen Erbfolgekrieg an der entscheidenden Schlacht von Höchstädt (1704) beteiligt gewesen und wurde 1707 zum Feldmarschall des Schwäbischen Kreises ernannt. 1711 folgte der höchste Lorbeer mit der Erhebung zum Reichsgeneralfeldmarschall und der Ernennung zum Oberbefehlshaber über die Rheinarmee. Dem Pomp der Titel sollte der Prunk der Hofhaltung in nichts nachstehen, denn ein Barockfürst hatte stets seiner Reputation entsprechend aufzutreten. Und war der reale Wirkungskreis des Potentaten – wie im Falle des Württembergers – auch beschränkt, so mußte doch zumindest die Pracht des Schlosses den Anspruch auf Macht dokumentieren.

Johann Friedrich Nette war in seiner Architektur dem zur üppigen Schwere neigenden Hochbarock verpflichtet. Die Künstler der Ausstattungen vertraten sowohl diesen Stil als auch die Formenwelt der „Régence". Johann Jacob Stevens von Steinfels freskierte die Haupträume in der Beletage des „Alten Corps de logis" mit mythologischen Themen, die auf den Herzog, seine Regentschaft und Ludwigsburg als seinen Jagdsitz anspielten. In den angefügten Galerien verherrlichte man Eberhard Ludwig im östlichen Bau als großen Kriegsherren und im westlichen Pendant als Friedensfürsten. Hierfür schuf der Bildhauer Diego Carlone lebensgroße alle-

gorische Figuren, die den Ruhm des Herzogs verkünden. Im „Jagdpavillon", der den Rahmen für kleinere Festlichkeiten des 1702 gegründeten Jagdordens abgab, huldigt das Deckenbild Luca Antonio Colombas mit Apoll und den Musen der Kunstförderung des Landesherrn. Von höchstem kunsthandwerklichen Können zeugen die der Marmorsaletta angefügten Schauräume. Das Lackkabinett ist ein wundervolles Zeugnis der China-Mode im Hochbarock. Im Boiserienkabinett arbeitete man kleinteilige Marketterien, die in ihrer Gesamtwirkung an ein türkisches Zelt erinnern: Nachdem die Osmanen auf dem Balkan besiegt waren, erregte der märchenhafte Überfluß am Hof des Sultans die Phantasie der Europäer. Im „Ordensbau" ließ Eberhard Ludwig ein Porzellankabinett mit holländischen, asiatischen und komödiantischen Motiven ausstatten. Die Säle in den Flügeln dienten dem Hof als Ort repräsentativer Festlichkeiten.

Nach dem Tod Johann Friedrich Nettes übernahm der bisher als Stukkator in Ludwigsburg tätige Donato Giuseppe Frisoni die Vollendung der von Nette begonnenen Arbeiten. Zugleich fertigte Frisoni 1715 einen ausladenden Vergrößerungsentwurf für das Schloß. Hierbei lehnte er sich stark an das Bisherige an und projektierte keine kompakten Flügel: den fünf Einzelbauten Nettes fügte er vier weitere Baublöcke an. Die Planung zeigt, daß der Herzog Ludwigsburg für den dauerhaften Aufenthalt eines Hofstaates auszubauen begann. Im Osten wurde der Grundstein für eine Hofkirche gelegt, deren westliches Gegenstück weitere Säle aufnahm. Südlich fügte der Baumeister die beiden Kavaliersbauten an, die Wohnungen für die höchsten Hofbediensteten beherbergten. Damit waren die Voraussetzungen für den offiziellen Umzug des Hofes in Angriff genommen, und noch während der Bauarbeiten verlegte der Herzog 1718 die Residenz nach Ludwigsburg.

Prunkende Ausstattungen

Donato Giuseppe Frisoni schuf mit der 1716–1723 erbauten Hofkirche einen der bedeutendsten Sakralräume des 18. Jahrhunderts in Alt-Württemberg. Der überkuppelte Zentralbau ist ein herrliches Beispiel dafür, daß auch Kirchenbauten im Barock in das höfische Gepräge einbezogen waren. Der Herzog saß in einer separaten Loge direkt gegenüber dem triumphbogenförmigen Altar, der mit einem stukkierten Stern des württembergischen Hausordens geschmückt wurde. Den

"Vordere einsicht deß Fürstl. Haußes Ludwigsburg". Auf diesem Stich nach dem Entwurf Johann Friedrich Nettes von 1709 ist das Schloß vor den Erweiterungen durch Donato Giuseppe Frisoni dargestellt. Das zentrale „Alte Corps de logis" wird durch den „Ordensbau" (links) und den „Riesenbau" (rechts) flankiert. Die Ausführung der Vor- und Seitenhoftrakte unterblieb.

Hofstaat plazierte man ebenfalls auf separaten Emporen in den Seitenkonchen. Über dem „Herzogsstand" befand sich der Raum für die Sänger, und unter den Seitenemporen gab es abgeschrankte Bereiche für das Orchester und die Orgel. So konnte der Herzog mit Paukenschlag und Trompetenschall begrüßt und der Ritus mit Pomp zelebriert werden. Das Deckenfresko „Die Glorie der Trinität" in der Hauptkuppel schuf Carlo Carlone. In gleißendem Licht erscheint die Dreieinigkeit, die von Engeln bejubelt und von Figuren des Alten Testaments und den Aposteln verehrt wird. Unter dem Gebäude befindet sich das Gruftgewölbe, in dem man die Herrscher Württembergs von Eberhard Ludwig bis zu König Friedrich beigesetzt hat. Die im protestantischen Württemberg einzigartige Pracht des Raumes erklärt sich in seiner Doppelfunktion: Er war Ort festlicher Gottesdienste und zugleich Denkmal für die Dynastie.

Die Appartements der Fürstlichkeiten standen in ihren Dekorationen den Festsälen in nichts nach. Ein Vergleich zwischen den Räumen der Grävenitz und denen des Herzogs verdeutlicht aber, daß man bei den Ausstattungen dem Rang entsprechend vorging. Die Decke im Vorgemach der Mätresse ist mit Reliefs stukkiert, die auf den siegreichen Krieg, den segenbringenden Frieden, die Wohlfahrt des Landes und die weise Regentschaft anspielen. Dieses Zimmer war mit *carmoisinrothen Tapeten* ausgeschlagen. Neben versilberten Tischen hob man im Inventar von 1721 besonders den Kaminspiegel hervor, der *in der mitten eine Piramide in einer vergulten und rothen Rahme von Glaß* besaß. Im Audienzzimmer steigerte sich die Pracht: An der Decke zeigt man Blütenranken, Musikinstrumente und Theatermasken, so daß die Stimmung heiterer Festlichkeit verbreitet wird. Die Wände waren mit blau-goldenem Damast belegt und die vergoldeten Möbel passend bezogen. Das Grävenitz-Schlafzimmer übertraf die Möblierung der vorangegangenen Räume: An den Wänden hingen Teppiche, *die Historie von Marco Aurelio vorstellend*. Herrliche Lackmöbel bildeten den Höhepunkt: ein *weiß und rother Schreibtisch, auf Indianische Arbeit, 2 dergleichen laquirte Gueridons und 2 braun laquirte Gueridons* (Leuchtertischchen).

Im Quartier des Herzogs waren die Decken des Vorraums und des Audienzzimmers nicht stukkiert, sondern mit Fresken bemalt. Schon in seinem *Vorgemach* hingen vier *Tapeten gewürkter Arbeit, alle Kriegsstück praesentieren*(d). Die Möbel waren bereits hier vergoldet, und über den Türen befanden

sich Gemälde. Der Freskant Stevens von Steinfels bannte im Audienzzimmer Aurora und Apollon, den Tagesanbruch, an die Decke: Sie verherrlichten Eberhard Ludwig als Fürsten des Lichtes. Sein Kriegstriumph wurde durch weitere Wandteppiche dokumentiert. Sechs *maßiv* silberne Gueridons mit Leuchtern gehörten zum Kostbarsten, was an Mobilien im Schloß zu sehen war. Dazu paßten zwei große Spiegel *von glatt und getriebenem silbernen Laubwerk*. Das anschließende Spiegelkabinett zählte mit seiner Stuck- und Spiegelzier zu den üppigsten Schauräumen des Schlosses. Auf dem Kaminsims und auf Wandkonsolen war ein Sammelsurium von Kuriositäten und Preziosen aufgestellt: silberne Deckelvasen, vergoldete Ziergefäße, silberne Büsten, *ein in Wachs posirter Mönchskopf*, eine Rohrdommel, ein ausgestopfter Papagei, *2 Tiroler Mann und Weib* und *80 Zwergenbilder*. Eberhard Ludwigs Schlafzimmer war kleiner und nicht ganz so reich möbliert als das der Grävenitz. Die Tapeten bestanden aus *Etoffe darin der Grund blau mit guldenen Blumen*. Das Bett drapierte man entprechend aufwendig und zeichnete es durch ein doppeltes Gesims aus. Ein *Gemähld von geschmälzter Arbeit* (Emaille) *eine ovidische Historie vorstellend* bildete den – wohl frivolen – Glanzpunkt.

Größten Wert legte Eberhard Ludwig auf Tapisserien. 1707 hatte der Herzog drei Wandteppiche für die ungeheure Summe von 10000 Gulden erstanden. In seinem Nachlaß zählte man später über 100 Stücke aus den Niederlanden und der Stuttgarter Manufaktur Tellier. Die übrigen Wandbespannungen aus Samt, Seide oder Damast wurden im Winter und im Sommer gewechselt.

Einige der im Schloßinventar von 1721 aufgezählten Möbel und Kostbarkeiten waren wenige Jahre später bereits *abgegangen* oder stark lädiert. Vorhänge und Stoffe waren teils *schmutzig, schadhaft, löchricht* oder *verrissen*. An Quasten und Fransen knabberten Mäuse oder zerrte des Herzogs halbzahmer Wolf Melac. An Silberarbeiten scheint sich der eine oder andere Bedienstete vergangen zu haben – *an 3 Gueridons fehlt an einem jeden ein Laubblättlen* –, um sich den schmalen Lohn aufzubessern. Von den wandfesten Ausstattungen überdauerte vieles die Veränderungen der letzten 300 Jahre oder es wurde freigelegt und restauriert. Von den Mobilien aus der Zeit Eberhard Ludwigs blieb bis auf wenige gesicherte Stücke nichts erhalten.

„Profil und Perspectiv der Herzoglichen Hoff-Capelle …" (Stich nach dem Entwurf von Donato Giuseppe Frisoni, 1721). Die Schloßkirche wurde durch Donato Giuseppe Frisoni ab 1716 errichtet und von Carlo Carlone und Luca Antonio Colomba freskiert. Von wenigen Veränderungen abgesehen, blieb die prunkende, zum Ruhme des Hauses Württemberg geschaffene Ausstattung erhalten.

15

Das neue Jagd- und Lusthaus „Favorite"

1716, im Jahr, in dem man mit dem weiteren Ausbau des Schlosses begonnen hatte, entschied der Herzog, ein neues Lusthaus erbauen zu lassen. Als Ort wählte er den Hügel nördlich des „Alten corps de logis", wo sich bereits eine Fasanerie befand. Donato Giuseppe Frisoni lieferte die Entwürfe, bei denen er sich an italienisch-österreichischen Gartencasini orientierte. Er schuf bis 1719 Schloß „Favorite" mit einer bewegten Silhouette, die den Blickfang für den Nordgarten abgeben sollte. Gleichzeitig bot der allseits durchfensterte Bau mit seiner Freitreppe, den Altanen und Türmchen die herrlichste Aussicht über den Jagdwald, den Garten und zum Hauptschloß.

Seitdem der Herzog Ludwigsburg zum Residenzschloß erweitern ließ, verlor es seinen Charakter als Jagd- und Lustschloß. Das Staatszeremoniell und eine ausgeklügelte Etikette hielten nach und nach Einzug. Also benötigte Eberhard Ludwig wiederum ein Refugium, in dem er Abstand zum aufwendigen Hofleben gewinnen konnte. Ludwig XIV. von Frankreich hatte mit „Trianon" und „Marly" entsprechende Beispiele geliefert. Von diesen Lustschlössern unterschied sich die „Favorite" jedoch in der Nutzung in einem wesentlichen Punkt: Sie war nicht als Herberge für längere Aufenthalte bestimmt. Wohn- oder Übernachtungsmöglichkeiten und dafür erforderliche Einrichtungen waren nicht vorgesehen.

Im Inneren des Schlosses dekorierte man den Festsaal mit Pilastern, Spiegeln zwischen reichen Bandelwerk-Stukkaturen, ausladenden Kaminen, auf denen Figuren der Künste und Wissenschaften balancierten, und einem illusionistischen Deckenfresko mit dem Thema *die Rüstung der Diana zur Jagd*. Luca Antonio Colomba lieferte auch die übrigen Deckenbilder, die versinnbildlichten, daß Schloß „Favorite" als Jagd- und Lusthaus diente.

Während die Fassaden der Favorite die Zeiten nahezu unbeeinträchtigt überdauerten, entschied Herzog Friedrich II. (ab 1806 König von Württemberg) 1798, die Räume klassizistisch renovieren zu lassen. Bis auf ein Zimmer zeigen sie noch heute das Bild der Zeit um 1800.

Ein „königliches" Residenzschloß

Noch bevor die Arbeiten an den Neubauten Frisonis zu Ende gebracht waren, faßte Eberhard Ludwig 1720 den Entschluß,

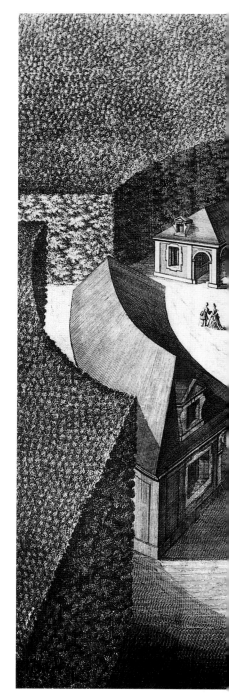

„Perspectivischer Aufzug der Fürstl. Favoriten im Fasanen Garten zu Ludwigsburg" (Stich nach dem Entwurf von Donato Giuseppe Frisoni, 1721). Als Herzog Eberhard Ludwig begann, den Jagdsitz Ludwigsburg zum Residenzschloß auszubauen, ließ er nördlich des „Alten Corps de logis" Schloß „Favorite" als neues Lusthaus errichten. Das luftige Gebäude wurde 1716 bis 1719 durch Frisoni erbaut und vom Hof nur für kurzzeitige Aufenthalte genutzt.

Ludwigsburg als Residenzschloß grundlegend umzugestalten: Man sei bei der Planung des Jagdschlosses *nicht von solchem spatio* (Ausmaß), *als zur logirung eines so numbreusen* (zahlreichen) *Hoffes und besonders zur commodität* (Bequemlichkeit) *der fürstlichen Person selbst erforderlich* ausgegangen. Zunächst sollte deshalb das „Alte Corps de logis" *durch vergrößerung bequemer und logiabler* (gemacht) *und solches zu einer beständigen fürstlichen Residenz* ausgestaltet werden. Vier Jahre später entschied sich der Herzog dann nicht für einen Umbau, sondern für die Errichtung des „Neuen Corps de logis" (der Neue Hauptbau).

Aus den zeitgenössischen Aussagen wird deutlich, daß die Anzahl der Räume und ihre Anordnung im „Alten Corps de logis" zwar für ein Jagdschloß, nicht aber für eine Residenz ausgereicht hatten. So mußte man dort die Appartements sowohl für Festivitäten und Empfänge als auch als Wohnquartier nutzen. Bei fürstlichen Besuchen sah man sich – der Etikette gehorchend – gezwungen, die eigenen Räume dem Gast zu Verfügung zu stellen und selbst innerhalb des Hauses umzuziehen. Solche Unzulänglichkeiten waren für einen anspruchsvollen, auf sein Ansehen bedachten Barockfürsten auf Dauer nicht zumutbar. Frisoni plante deshalb im „Neuen Corps de logis" eine völlige Trennung der Paradezimmer von der tatsächlichen Wohnung des Herzogs. Dabei wurde die Raumfolge nicht nur erweitert, sondern auch majestätischer geordnet. Vom Vestibule gelangt man in zwei symmetrische Treppenhäuser, die in den Gardesaal münden. Er leitet in den zentralen Empfangssaal – heute Marmorsaal –, an den seitlich die beiden Staatsappartements anschließen. Diese Repräsentations-Raumfluchten entsprechen dem Schema, welches man im Barock bei Residenzschlössern als angemessen empfand. Das Vorzimmer ist dem herzoglichen Audienzzimmer vorgeschaltet. Auf dieses folgen das Konferenzzimmer und das Paradeschlafzimmer, in dem das Schaubett Aufstellung fand. Zwei kostbare Räume, das Spiegelkabinett und das Marmorkabinett, bildeten den Schluß- und Höhepunkt der Enfilade. Von hier aus öffneten sich Seitentüren in die Privatwohnungen. Das Herzogsquartier bestand aus zwei großen Räumen, dem wirklichen Schlafzimmer und einem Kabinett. Über einen fast die gesamte Gebäudebreite einnehmenden Flur konnte dies Appartement auch separat betreten werden.

Das „Neue Corps de logis" wurde über zwei Galerietrakte – heute Ahnen- und Bildergalerie – mit den älteren Bauten verbunden. Zugleich fügte man das Theater und den „Festin-

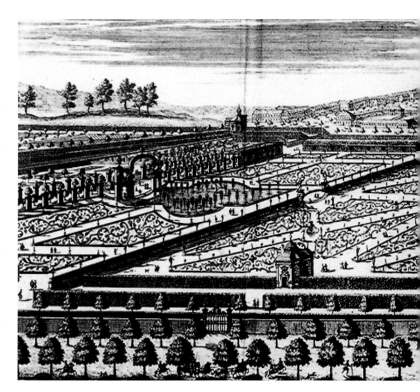

bau" an, die mit dem „Neuen Corps de logis" die beiden Vorhöfe des Schlosses flankieren. Bis 1733 war der weitläufige Ehrenhof allseitig von palaisartigen Baublöcken umschlossen. Frisoni hatte das dreiflügelige Jagd- und Lustschloß in eine Vierflügelanlage verwandelt. In Ludwigsburg verwies man mit diesem Bautyp auf Königsschlösser, wie sie in Paris, Stockholm und Berlin errichtet worden waren. Herzog Eberhard Ludwig hatte die Rangerhöhung zum Kurfürsten oder gar zum König angestrebt, aber nicht erreicht. So dokumentiert die Gestalt seines Schlosses diese hochfliegenden, aber nie verwirklichten Ambitionen.

Die Ausstattung der neuen Bauteile wurde sofort begonnen. Pietro Scotti freskierte in der Bildergalerie in einem friesartigen Deckenbild Ereignisse aus dem trojanischen Krieg. Das Fresko in der gegenüberliegenden Ahnengalerie schuf Carlo Carlone. Mythologische und allegorische Szenen verherrlichen den Auftraggeber als Friedensfürsten sowie als Förderer der Künste und Wissenschaften. Höhepunkte der Gestaltungen bildeten die Dekorationen der Paradezimmer und des Herzogsappartements im „Neuen Corps de logis".

„Perspectiv und Prospect der Residenz Ludwigsburg". Jenseits des Palastes – dessen Gestaltung in dieser Form nicht umgesetzt wurde – und der rechverzierten Gärten erkennt man die Stadt Ludwigsburg: Sie fungierte unter Eberhard Ludwig bis 1733 als württembergische Haupstadt (Stich nach dem Entwurf von Donato Giuseppe Frisoni, 1721).

Ab 1725 verwirklichte Donato Giuseppe Frisoni das „Neue Corps de logis" nach dieser Zeichnung, auf dem das „Placet" (die Genehmigung) des Herzogs zu lesen ist.

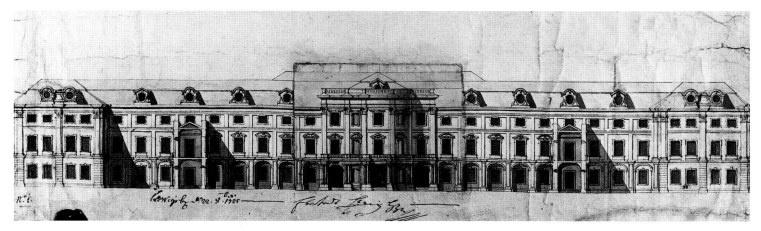

Nur wenige Deckenbilder und Vertäferungen zeugen noch von der einstigen Pracht. Alles andere wurde zu Beginn des 19. Jahrhunderts in strengen Empireformen renoviert.

In den Raumfluchten des Ludwigsburger Schlosses entfaltete sich ein luxuriöses und doch auch streng reglementiertes höfisches Leben. Mit Pomp zelebrierte man herzogliche Tafeln: Am 23. März 1722 *wurde bey dem Nahmens-Tage, Hertzog Eberhards von Würtemberg, eine schöne Inventions-Tafel praesentirt. Die Tafel war anzusehen, als eine See, aus welcher 40 Strahlen Wasser schossen, zwischen denselben schwommen lebendige Enten und Fische. Um diesen See war ein schöner Lust-Garten mit Pomerantzen- und Citronen-Bäumen, der die Hertzogliche Tafel umgab. An derselben sassen 48 hohe Fürstliche, Gräfliche und andere Adeliche Personen beyderley Geschlechts, und wurden 148 Speisen dabey aufgetragen,* soweit Julius Bernhard von Rohr, 1733.

Der Exotismus-Mode zollte man Tribut, indem Heidukken, Mohren und Türken in den phantastischen Kostümen ihrer Heimat auftraten. Auch der Hofstaat ließ kaum eine Gelegenheit verstreichen, sich in Verkleidungen zu zeigen. Bei „Bauernwirtschaften" verwandelte man das Schloß in eine Schenke, die Damen und Kavaliere schlüpften in die Rollen von Wirt und Hausknecht, Harlekin, Zigeuner, Kaminfeger, Schultheiß, Kesselflicker, Besenbinder, Rattenfänger oder Scherenschleifer. Nicht nur während Oper, Schauspiel und Ballett oder Karneval und Maskenfesten, sondern bei allen nur denkbaren Anlässen vertauschte man das Sein mit dem Schein. Am 24.2.1727 kamen *alle Dames und Cavalliers, so von Stuttgart heraus gnädigst invitirt worden, verklaidet in die Assemblee* (Zusammenkunft); *welche gedauert biß 3/4 auf acht Uhre, da man das erste mahl die Pauker zur Tafel geschlagen, (...) nach diesem das 2te mahl die Pauker und um halb 9 Uhre das 3te mahl die Pauker unter dem Trompeter Schall zur Tafel geschlagen worden, worauf man zur Tafel geseßen und um 11 Uhre wider aufgestanden, sodann in dem Rittersaal gegangen woselbsten, der Ball gehalten worden und gedauert biß Nach Mittags gegen 3 Uhre; die Verklaidung ist in nichts gewißes bestanden, sondern hat sich jede Persohn nach seiner aigenen Fantasie und wohlgefallen angeklaidet.* Aus Begeisterung wiederholte man das Fest am darauffolgenden Tag. Danach herrschte Ermattung: *26.2.; Heute passirte nichts Neues; alles ruhete aus auf das zweytägige divertissement; alle Dames speisten mittags im Zimmer; Abendts ware Assem-*

Das höfische Parkett war glatt. Je länger das Regiment der Grävenitz dauerte, desto lauter regte sich im ganzen Land Kritik. In wichtigen Ämtern saßen Günstlinge der „Landhofmeisterin", die selbst auf viele Geschäftsgänge Einfluß ausübte. Man ermahnte den Herzog, an den Erhalt der Dynastie zu denken, denn sein Sohn hatte bis zu seinem Tod 1731 keinen Erben. Im gleichen Jahr entschloß sich der Herzog deshalb, die Grävenitz zu verbannen und sich mit seiner Gemahlin Johanna Elisabetha zu versöhnen. Die Mätresse verschwand zunächst auf der Festung Hohenurach, während die Herzogin erstmals in die Pracht des Ludwigsburger Schlosses Einzug hielt. Wilhelmine von Grävenitz wurde schließlich begnadigt, abgefunden und außer Landes gebracht. Johanna Elisabetha schien tatsächlich noch einmal guter Hoffnung zu sein, was sich jedoch als Scheinschwangerschaft entpuppte.

Herzog Eberhard Ludwig starb 1733. Sein Palast war im Inneren unvollendet und sein Land unter den Lasten, die die Bauunternehmungen verschlungen hatten, an den Rand des Ruins geraten. Zur Nachfolge gelangte die katholisch gewordene Linie Württemberg-Winnenthal.

„Prospect und Perspectiv der steinernen Stiegen, worauf man in den Herzogl. Garten gehet, in der Ferne die Orangerie und der Communications Bogen" (Stich nach dem Entwurf von Donato Giuseppe Frisoni, 1721). Das Portal zum Ludwigsburger Südgarten gleicht einer pompösen barocken Bühneninszenierung. Hierbei dient der „Communications Bogen", der an Belvedere und Gartenportale des berühmten Johann Bernhard Fischer von Erlach erinnert, als dekorativer Prospekt.

21

DER GLÄNZENDSTE HOF EUROPAS
Die Prachtentfaltung unter Herzog Carl Eugen von Württemberg

Hochzeitsfeierlichkeiten und erste Bauunternehmungen

Bei seinem Regierungsantritt 1733 versicherte der katholische Herzog Carl Alexander (Regierungszeit 1733 bis 1737), den protestantischen Glauben des Landes nicht anzutasten. Er verlegte die Residenz nach Stuttgart, obwohl ihm in Ludwigsburg zwei stattliche Schlösser zur Verfügung standen. Das jüngst erblühte Ludwigsburg mit seinem arkadengesäumten Marktplatz und den beiden Kirchen trat in Stuttgarts Schatten. Carl Alexander nutzte das Ludwigsburger Schloß dennoch für seine Festivitäten, hinterließ aber in baulichen Dingen keine Spuren. Seine kurze Herrschaft bleibt fast ausschließlich durch die Finanzierungspraxis des aufwendigen Hoflebens mit Hilfe des Hofjuden Joseph „Süß" Oppenheimer und den berühmten Roman „Jud Süß" von Lion Feuchtwanger im Gedächtnis.

Für den unmündigen Thronerben Carl Eugen erledigte 1737–1744 ein Regentschaftsrat alle anfallenden Geschäfte. Als der Österreichische Erbfolgekrieg (1740–1748) Württemberg bedrohte, brachte man Carl Eugen und seine Brüder, Ludwig Eugen und Friedrich Eugen, an den Hof König Friedrichs II. von Preußen. In Berlin wurden die jungen Prinzen mit der Pracht des frühen friderizianischen Rokoko bekannt. 1744 drängte Carl Eugen (Regierungszeit 1744 bis 1793) schließlich darauf, selbst die Regierung in Württemberg zu übernehmen. Als 16jähriger erreichte der verwöhnte Herzog Stuttgart und sah mit Unmut das völlig unmoderne „Alte Schloß". Er drohte, seinen Sitz wieder nach Ludwigsburg zu verlegen, sollte man ihm keine zeitgemäße Residenz errichten. Nach zähen Verhandlungen konnte er schließlich 1746 den Grundstein zum „Neuen Schloß" legen. Sein Wunsch wurde also erfüllt, was ihn jedoch nicht daran hinderte, sich immer häufiger in Ludwigsburg aufzuhalten.

Aus Anlaß der Hochzeit Carl Eugens mit Elisabeth Friederike Sophie von Brandenburg-Bayreuth erlebten Stuttgart und Ludwigsburg 1748 erstmals das, wofür der Herzog bald in ganz Europa gerühmt werden sollte: mehrtägige, pompöse Festivitäten, die zu den glanzvollsten Spektakeln der Epoche zählen.

Der Einzug der Prinzessin in Ludwigsburg geschah unter dem Donner der Kanonen, die in der Stadt und auf der Festung Hohenasperg abgefeuert wurden. Mit militärischer und musikalischer Begleitung passierte ihre Kutsche die Ehrenpforten, bevor sie den Schloßhof erreichte. Am Vestibule kam ihr die herzogliche Familie entgegen und begleitete sie in den Gardesaal, wo die Wache von der *Garde à Cheval paradirte.* Abends wurde im Paradeappartement des „Neuen Corps de logis" ein Empfang gegeben, zu dem nur ein ausgewählter Kreis, nämlich *die Damen, Ministres, Cammer-Herrn, Cammer-Junckers und Staabs-Officiers die Entrée (Zutritt) hatten.* Unerhörten Luxus entfaltete man im Zusammenhang mit den Hochzeitsfeierlichkeiten: neben Konzerten, Theateraufführungen, Jagden, Paraden und Manövern, Illuminationen in den Gärten und in der Stadt, sind es immer wieder die Beschreibungen der festlichen Tafeln, die den Reichtum des Hofes dokumentieren: *Die Tafel selbst war ekigt, zu 48 Couverts (Gedecken), worauf sich eine mit grün Bindwerk, Spiegel-Pyramiden, Girandolen und versetzten Glaß-Kugeln, auch vielen Ampeln ausgezierte Machine befande, die etlich und 20 Schuh hoch, bis an die oben hangende 3 grosse silberne Cron-Leuchter reichte, und von zwey grossen versilberten Statuen getragen wurde. Unter dieser Machine innerhalb, präsentirten sich 2 grosse F die den inneinander geschlungenen Namen C trugen (Friederike und Carl). Innwendig hatte die Tafel ein vertieftes starck illuminirtes parTerre mit 3 Fontainen, auch waren darinn viele versilberte Vasa, statuen, Orange-Bäume und andere Bäum zu sehen.* Selbst die einzelnen Speisen wurden üppig dekoriert und waren nicht nur als Gaumenfreude, sondern auch als Augenschmaus gedacht: *Das Confect zeigte unten und oben die Göttin der Liebe, und einen Altar mit darauf*

Der sechzehnjährige Herzog Carl Eugen von Württemberg bei seinem Regierungsantritt 1744 (Gemälde von Antoine Pesne, 1744).

befindlich-brennenden Herzen, unter einem Triumph-Bogen; in der Mitte aber die Keuschheit in einem Triumph-Wagen mit 6 Tauben bespannt in den Wolcken, mit vor- und nacheilenden Gratien; ausser diesem sahe man noch weiters 4 grosse Obeliscos, auf welchen 4 Adler die Hochfürstlich Württembergische und Bayreuthische Wappen hielten, nebst zerschiedenen Sinnbildern und Cascaden. Die Einfassung bestunde aus einer beblumten Galerie, neben welcher die Seiten mit dem kostbarsten und niedlichsten Confect beleget waren – soweit die Schilderungen Wilhelm Friedrich Schönhaars von 1749. Dieser Nachtisch enthielt nicht nur süße Köstlichkeiten, sondern vermittelte allegorische Inhalte. Die triumphierende Liebe soll das fürstliche Paar auf

ewig binden, während die Grazien die Schönheit der neuen Herzogin feiern, versinnbildlicht die Keuschheit deren Tugend.

Carl Eugen nahm anläßlich seiner bevorstehenden Hochzeit auch die erste, umfangreiche bauliche Veränderung in Ludwigsburg vor. Für seine protestantische Braut baute der Architekt Johann David Leger 1746/48 den *Ordenssaal mit Rondel* und den darunter gelegenen Raum zu einer Kirche um. Leger entfernte die trennende Decke und orientierte sich in der Grundanlage an der vorhandenen Hofkirche, die mittlerweile vom katholischen Herzog genutzt wurde. Insgesamt entwarf er den neuen Raum aber heller, zarter und zurückhaltender gegliedert, als den älteren Sakralbau. Die verspielten Schnitzereien und Stukkaturen zählen zu den frühesten Schöpfungen des Rokoko am württembergischen Hof. Größten Wert legte man auf die Gestaltung der Loge der Herzogin, deren Äußeres mit reizvollen Palmbäumchen und Schleuder-Rocaillen verziert wurde. Als Freskant verpflichtete der Herzog Livio Retti, der 1747 sechs großflächige Bilder an den Decken und unter den Emporen schuf. Die szenenreiche Schilderung des „Weltengerichts" beherrscht die zentrale Kuppel. Es erscheint kühltonig in der Palette und – trotz des erschütternden Themas – elegant in der Komposition und Figurenbildung. Retti zog Bilder des weltberühmten Giovanni Battista Tiepolo als Inspirationsquelle heran. Am 6. Oktober 1748 wurde die Kirche im Beisein der jungen Herzogin mit einem Festgottesdienst eingeweiht. Der Predigt-Titel lautete: *Württembergs gegenwärtige Freude über der gesegneten Heimführung Seiner gnädigsten Landes-Fürstin, in der neuerbauten Evangelischen Hof-Capelle in Ludwigsburg.*

Unter König Friedrich mußte Nikolaus Friedrich von Thouret um 1810 den Altarraum verändern und ein Gestühl für die Ordensritter einbauen. So verwandelte er den Raum in die Kapelle des „Goldenen Adler Ordens", in der das zarte Rokoko mit dem schweren Empire kontrastiert.

Privates und Pompöses

Obwohl die Arbeiten am „Neuen Schloß" in Stuttgart zügig voranschritten, ließ Carl Eugen in den 1750er Jahren weitreichende Veränderungen in Ludwigsburg vornehmen. Zunächst beschränkten sich diese Arbeiten auf die Gärten und die Fertigstellung der unvollendet gebliebenen Paradezimmer im „Neuen Corps de logis".

1756 trennte sich das herzogliche Paar, und Elisabeth Friedrike Sophie kehrte nach Bayreuth zurück. Die als *schönste Prinzessin Europas* Gepriesene war konfrontiert worden mit dem Maitressen-Reigen ihres Gatten und entsprechenden Reglementierungen für den Hofstaat: *Vermöge eines neuen Hofceremoniels, wurde allen Frauenzimmern, die nicht zu der Fahne des Herzogs geschworen hatten, untersagt, blaue Schuhe zu tragen, und im Gegentheil allen denen, die er sowol jetzo als künftig würdigen würde, ihm ihre Ehre aufopfern zu dürfen, bei der höchsten Ungnade anbefohlen, niemals ohne dieses Unterscheidungszeichen zu erscheinen,* so Jean Henri Maubert de Gouvest in seiner kritischen Veröffentlichung „Die reine Wahrheit ..." von 1765. Die Herzogin wies bis zu ihrem Tod 1780 jeden Versöhnungsversuch zurück.

Herzog Carl Eugen ließ sich vom neuen Hofarchitekten Philippe de La Guêpière 1757/58 ein ganz auf seine persönlichen Bedürfnisse zugeschnittenes Appartement im „Neuen Corps de logis" einrichten. Es wurde als Privatwohnung nicht in der Beletage, dem Hauptgeschoß, angelegt, sondern im Mezzanin, dem Halbgeschoß darüber. Der Herrscher schuf sich damit innerhalb des Schlosses ein Refugium, das nicht für jedermann zugänglich war. Intimität und Privatheit räumte man größere Bedeutung ein und lehnte sich damit gegen überkommene Zeremonien und die allgegenwärtige Etikette auf. Auch wenn aus Tradition und Staatsraison weiterhin das offizielle Hofleben reglementiert war, so wollte der Herrscher doch ein Mindestmaß an Individualität entfalten können.

Dem an der Pariser Akademie ausgebildeten Architekten La Guêpière gelang es, in den sieben Zimmern und Kabinetten sowohl diesen Bedürfnissen zu entsprechen als auch auf Bequemlichkeit zu achten. Es entstand mit der Hilfe exzellenter Kunsthandwerker eines der reizvollsten Interieurs des 18. Jahrhunderts in Südwestdeutschland. Aus der architektonisch gefaßten Eingangsgalerie gelangt man in die zwei Vorzimmer, in denen sich die Pracht in angemessener Form von Raum zu Raum steigert. Elegant und graziös erscheint der Dekor im Assembléezimmer, um in den beiden anschließenden Kabinetten in amouröse Heiterkeit zu münden. Kecke, ungestüme *Kindlen und Büblen* bevölkern im Verein mit unzüchtigen Taubenpaaren die Hohlkehlen und treiben Schabernack mit frivolen Andeutungen. Im Chinesischen Kabinett verkleiden sich die feisten Amoretten mit asiatisch-modischen Kostümen und entführen den Besucher in unbeschwert-fernöstliche Gefilde. In diesen Räumen hat La Guêpière in genialer Weise das gebändigte, französische mit der Verspieltheit des süddeutschen Rokoko verbunden.

Liest man im Tagebuch Herzog Carl Eugens, das von seinem Generaladjutanten Alexander von Buwinghausen-Wallmerode geführt wurde, so ergibt sich ein mehr als zwiespältiges Charakterbild des Herrschers. In diesen Aufzeichnungen wird deutlich, daß der Herzog zwischen unterschiedlichen Welten wandelte. Hier das offizielle, pompöse Leben eines Souveräns, der mit seinen Inszenierungen seinen Hof bezaubert, sein Land erschöpft und ganz Europa in Atem hält, dort das alltägliche Einerlei von Regierungsgeschäften, Ausfahrten, Beaufsichtigung der vielen Bauprojekte und dem Bedürfnis nach einfacher Zerstreuung und Zurückgezogenheit. Carl Eugen gab Unsummen für seine Bauten, Festarchitekturen und Reisen aus, zeigte aber im intimen Kreis – der sogenannten *kleinen Suite* – auch ganz andere Züge. Bei einer Reise nach Teinach notierte Buwinghausen, die kleine Gesellschaft spielte *bis zur Nachttafel Quinze. Der Herzog sind sonsten gar kein Liebhaber vom Spielen, weilen Sie aber nicht seyn können, ohne etwas zu thun zu haben, so geschiehet dieses zu zeiten auf den Land-Reyssen, die „Marque" aber nicht höher, als um 12 xr* (Kreuzer). Neben der interessanten Notiz von der Zurückhaltung beim Spiel, bestätigt der Adjutant das spätere Urteil Friedrich Schillers, der von der Ruhe- und Rastlosigkeit Carl Eugens berichtet. Der Herzog, der mit opulenten Tafeln und Schauessen aufwartete, zeigte sich bei der eigenen Person verblüffend genügsam: *Der Herzog kamen abermahls nicht zur Mittags-Tafel, indeme Sie kein Liebhaber von dem Mittagessen sind, sondern des Tags über einigemahl Caffée mit sehr viel Milch trincken und biss zum Nachtessen warten* oder: *Der Herzog speissen, wie gewöhnlich, wenn Sie allein auf dem Lande sind, niemahlen zu Mittag.* Als in späteren Jahren Schloß Solitude erbaut wurde, scheint Carl Eugen zuweilen das höfische Treiben in Ludwigsburg gemieden zu haben: er „floh" für ein oder zwei Tage in sein Lustschloß, nur in Begleitung eines Adjutanten und seiner damaligen Maitresse Catharina Bonafini.

Ludwigsburger Theaterwelt

In den Jahren um 1760 gipfelten die Anstrengungen Herzog Carl Eugens darin, sich mit dem Glanz seines Hofes in den

*Anläßlich der Hochzeitsfeier-
lichkeiten für Herzog Carl Eugen und seine erste Gemahlin
Elisabeth Friederike Sophie im
Jahr 1748 wurde Schloß „Favorite" illuminiert und auf den
Gartenwegen ein prachtvolles
Feuerwerk installiert.
(Stich aus der Festbeschreibung
von Wilhelm Friedrich Schön-
haar, 1749).*

Kreis der bedeutendsten Fürsten einzureihen. Zugleich scheiterte er mit seinen hochgesteckten außenpolitischen Plänen, erlitt eine persönliche Niederlage und wurde in der Innenpolitik scharf attackiert. 1763 endete der siebenjährige Krieg: Der Herzog hatte mit den Alliierten gegen Preußen gekämpft und stand nun auf der Verliererseite. Die Erwartungen, Kurfürst oder gar König zu werden und sein Land durch Gebietsgewinne zu vergrößern, wurden nicht erfüllt. In der Folge des Friedens von 1763 trat Friedrich II. von Preußen auch als Anwalt seiner Nichte, Elisabeth Friederike Sophie von Brandenburg-Bayreuth, auf. Er bestimmte, daß Carl Eugen fortan den Hof seiner getrennt von ihm lebenden Gemahlin zu unterhalten habe – eine bittere Pille für den Herzog. Doch 1764 traf ihn ein weitaus schwerwiegenderer Schlag. Die „Landschaft", Württembergs Ständevertretung, erhob bei der Reichshofkammer in Wien Klage gegen Carl Eugen. Ihre verbrieften Rechte, an der Regierung des Landes mitzuwirken, seien durch Willkürakte des Herzogs außer Kraft gesetzt. Auch könne man die Eigenmächtigkeiten bei Truppenaushebungen und Steuererhebungen nicht tolerieren. Man beklagte sich über die Verschwendung bei Hof und die Unsummen, die für die herzoglichen Bauvorhaben ausgegeben wurden. Carl Eugen zeigte sich über dieses Vorgehen auf das Äußerste empört. Sah er doch nicht nur seinen Regierungsstil angegriffen und sein Amt als Souverän infrage gestellt, sondern auch das Ansehen seiner Person beschädigt. Die Stände tagten in Stuttgart, und so wurde die Stadt für ihn zum Inbegriff des Widerstandes gegen sein absolutistisch gesonnenes Regiment. Darauf verlegte Carl Eugen 1764 die Residenz nach Ludwigsburg. Es sollten Jahre vergehen, bis er wieder Stuttgarter Boden betrat.

Hintergrund für die Ludwigsburger Feste und Spektakel Carl Eugens war der Ausbau der Stadt. 1758–1760 ließ er Ludwigsburg um die „Carlsstadt" erweitern. Weitgesteckte Entwürfe für eine einheitliche Bebauung und die Errichtung zahlreicher Kasernen verdeutlichen, daß er eine mächtige Garnisonsstadt plante. Sie sollte nicht nur große Teile eines (letztlich nicht verwirklichten) stehenden Heeres beherbergen, sondern dem von ihm so sehr geschätzten militärischen Gepränge als Rahmen dienen. Ab 1764, nach der Residenzverlegung, wurden die Arbeiten beschleunigt, blieben aber weit hinter den großzügigen Entwürfen zurück.

In seinen Memoiren berichtet der weitbekannte Abenteurer Giacomo Casanova: *Zu jener Zeit war der Hof des Herzogs von Württemberg der glänzendste in Europa (...). Die großen Ausgaben des Herzogs bestanden in großzügigen Gehältern, prachtvollen Gebäuden, Jagdzügen und Verrücktheiten aller Art; ein Vermögen kostete ihn jedoch das Theater. Es gab eine französische Komödie, eine Komische Oper, eine italienische „Opera seria" und „Opera buffa", und zehn Paare italienische Tänzer, von denen jedes bereits in einem berühmten Theater Italiens als Solisten aufgetreten war. Die Ballette wurden von Noverre einstudiert, der oft hundert Figuranten einsetzte; ein Maschinist baute ihm Dekorationen, die den Zuschauer fast an Zauberei glauben ließen.*

Bereits 1758 hatte Philippe de La Guêpière den bis dahin im Inneren unvollendeten Theaterbau des Schlosses ausgestattet. Auf einem lyraförmigen Grundriß war ein Logentheater entstanden, das völlig auf das Unterhaltungsbedürfnis des Adels abgestimmt war. In den drei Rängen saß man entsprechend der höfischen Hierarchie. Da viele Logen nicht zur Bühne, sondern parallel zueinander angeordnet waren, konnte man sich gegenseitig in Augenschein nehmen. Der Zeitgenosse Maubert de Gouvest bemerkt zum Verhalten des Herzogs, er habe auf die Darbietungen kaum geachtet und sei *vielmehr während der Commödie aus einer Loge in die andere, bald von der Gallerie auf das Parterre, dann wieder auf das Theater* (die Bühne) *und kurz in allen Winkeln* herumgelaufen. Die Damen und Kavaliere ahmten das Gehabe Carl Eugens mit Vergnügen nach, und so herrschte – wie an anderen Höfen auch – ein ständiges Kommen und Gehen während der Vorstellungen.

Für die umfangreichen barocken Opernaufführungen scheint das Ludwigsburger Schloßtheater jedoch nicht ausgereicht zu haben. Deshalb ließ Carl Eugen 1764/65 im späteren Ostgarten ein neues Gebäude errichten, das zu den größten Theatern seiner Zeit zählte. Johann Wolfgang von Goethe hat es noch wenige Jahre vor dem Abriß gesehen und merkte lakonisch an, es sei außen nur *aus Holz und leichten Brettern zusammengeschlagen.* Im Inneren entfaltete sich jedoch ein flimmernder Prunk, zu dem der Herzog vielleicht bei seinen Venedigreisen inspiriert wurde. *Es war (...) völlig mit Spiegelgläsern ausgekleidet, alle Wände, alle Logen mit ihren Säulen waren von Spiegelgläsern. Man kann sich den Effekt eines solchen Hauses im Glanze der vielen hundert Lichter wohl kaum denken,* staunte Justinus Kerner im „Bilderbuch aus meiner Knabenzeit". Das Rokoko liebte derlei irritierende Spiegelpracht. In unzähligen Kabi-

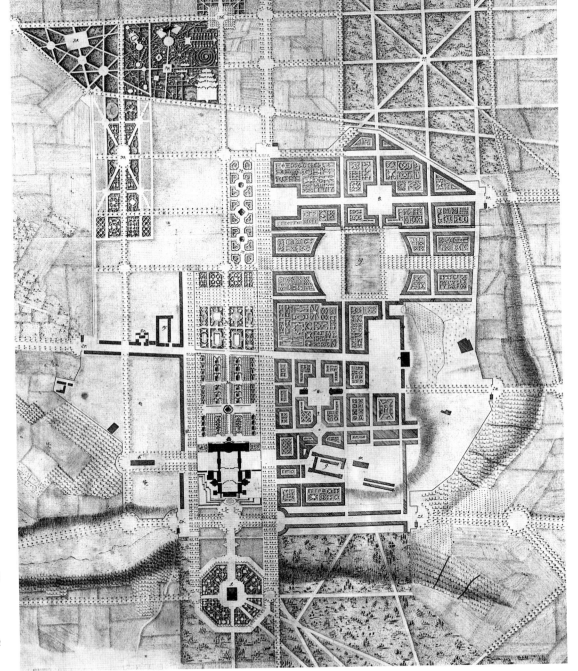

Der Plan Ludwigsburgs (um 1780) zeigt das Schloß, die Gärten und die Stadt in idealisierter Weise. Im Norden (unten) erkennt man Schloß „Favorite", darüber das Residenzschloß und im Süden (oben) den „Salon" mit den Heckenquartieren der „Plantage". Die Stadt erscheint um die „Carlsstadt" erweitert, deren Realisierung aber weit hinter den hochgesteckten Plänen Herzog Carl Eugens zurückblieb (vermutlich R. F. H. Fischer, Tuschezeichnung).

netten aus dieser Epoche erprobte man den illusionistisch-labyrinthischen Effekt und führte dabei die spielerische Auflösung der Wirklichkeit in Scheinwelten vor. Carl Eugen steigerte dieses Verwirrspiel in ungeahnte Dimensionen: Konnte sich doch die gefallsüchtige Hofgesellschaft mit ihren luxuriösen Roben nicht nur zur Schau stellen, sondern in der Spiegelwelt bis ins Unendliche vervielfältigen.

Buwinghausen-Wallmerode beschreibt eine abendliche Soirée im Opernhaus. Am 29. August 1770 fuhr der Herzog mit dem Fürsten von Thurn und Taxis am Ende einer Jagd bei Schloß „Solitude" nach Ludwigsburg. Dort war der gesamte Hofstaat anwesend, um dem Fürsten *praesentiret zu* werden. Anschließend maskierte man sich *en Domino oder in Mänteln und fuhren der Herzog hernach en Galla* (Prunkrobe) *in die Opera „Fetonte", in welcher 120 Pferde auf das Theatre kamen.* Der Eindruck, den dieser Aufwand auf die Zeitgenossen gemacht hat, muß ungeheuer gewesen sein. Nachdem Herzog Carl Eugen die Residenz 1775 wieder nach Stuttgart verlegt hatte, verwaiste das Opernhaus. Als zu Beginn des 19. Jahrhunderts die östlichen Gärten im englischen Stil angelegt wurden, mußte dieses unscheinbare und zugleich märchenhaft erscheinende Gebäude dem „Schüsselesee" weichen.

„Palast der Pracht"

Der Herzog verbrachte 1766/67 ein halbes Jahr in Venedig und wurde von der allzeit sich im Festestaumel befindlichen „Serenissima" zu neuen Einfällen inspiriert. Sie fanden ihren Niederschlag in den zunächst in Ludwigsburg und später in Stuttgart abgehaltenen „Venezianischen Messen". Um den Lustbarkeiten der Lagunenstadt nicht nur in seinen Erinnerungen frönen zu können, verwandelte man den Ludwigsburger Marktplatz in eine miniaturisierte „Piazza". Aus dem In- und Ausland strömten bald Händler, Gaukler und Schausteller herbei, um Spielereien aufzuführen und luxuriöse Waren feilzubieten. Diese Szenerie bot die Folie, auf der sich die höfische Gesellschaft lustwandelnd ergehen konnte. So berichtet die „Stutgardische privilegirte Zeitung" am 29. Januar 1771: *An eben diesem Tage nahme zugleich die allhiesige* (Ludwigsburger) *Messe (...) ihren Anfang, allwo sich Abends der gesamte Adel in Venetianischer Masque gleich voriger Jahren einfande, um sich in dem nach der Länge des Marktplatzes errichteten bedeckten Gange, wel-*

cher des Abends mit vielen Lustres beleuchtet wird, mit Spatzierengehen zu divertieren (...). Gestern wurde das erstemal in denen auf bemeldten Marktplatz angestellten Casinen zu Mittag gespeist, und Nachts währender Redoute, welche sowohl von Fremden als Einheimischen sehr zahlreich besucht gewesen in dem Saal des alten Herzogl. Schlosses soupiret.

Die „Venezianischen Messen" waren im Prinzip für jedermann zugänglich. Im Gegensatz dazu gab es exklusive Feste, zu denen nur das hoffähige Publikum zugelassen war, oder aber Anlässe, die den Charakter einer Staatsaktion besaßen und bei denen „das Volk" zwar als direkter Teilnehmer unerwünscht, aber als „Komparserie" in Erscheinung treten mußte.

Ein Beispiel für ein exklusives „familiäres" Ereignis war die Feierlichkeit anläßlich des Geburtstags der Schwägerin Carl Eugens, Friederike Sophie Dorothee von Brandenburg-Schwedt am 18. Dezember 1768. Für das von Buwinghausen-Wallmerode überlieferte abendliche Fest mit über siebzig Personen hatte der Herzog den „Festinsaal" des Residenzschlosses als Lustgarten in kürzester Zeit neu dekoriert. Handwerker legten ein Fontänenbassin, Blumenbeete mit dem Monogramm der Prinzessin und Laubengänge an. Alles war aufwendig erleuchtet und durch Spiegel in ein glitzerndes Gartenlabyrinth verwandelt. Unter einem Tempel-Baldachin, der *auf 12 vergoldten Corinthischen Säulen errichtet* und *dessen Cuppel inwendig mit Spiegel-Glässern* ausgekleidet war, befand sich die herzogliche Tafel. Als der Herzog ein Zeichen gab, ertönte Donner, künstliche Wolken teilten sich und das bisher verborgene Orchester wurde sichtbar. Unter dem Klang einer Symphonie erschienen die Götter des Olymp, um das Fest *mit Loben und Wünschen* zu besingen. Cupido selbst schwebte *in einer Machine* zur Prinzessin, um ihr das herzogliche Geschenk – bestehend aus einem Perlengeschmeide mit den brillant-gefaßten Portraits ihres Gatten und des Herzogs – zu überreichen.

In ähnlicher Weise beging man am 11. Februar 1769 den Geburtstag Herzog Carl Eugens. Da das Gepränge dem Herrscher galt, mußte es den Anforderungen an eine Staatsaktion genügen. Nach der Rangerhöhung zahlreicher Höflinge und der exklusiveren Ernennung zweier Kavaliere zu Rittern des St. Carl-Militär-Ordens folgte die Abhaltung einer Wachparade. Darauf begab man sich zum Festgottesdienst in die Hofkirche. Es folgte die Erhebung einiger Höflinge in den Ritterstand des Jagdordens, darauf das große Defilée der

Fremden, Herrn Gesandten, von denen einheimischen Herrn Ministres, Generals, Maitres, Cavaliers und Officiers der Regimenter. Das anwesende Volk wurde im Schloßhof mit gebratenen Ochsen, rotem und weißem Wein gespeist; dabei wurde *auch Geld ausgeworffen.* Derweil schritt der gesamte Hofstaat mit allen Gästen durch das Schloß, um die Parade des Leib- und Trabanten-Corps sowie der Livrée-Dienerschaft *in Galla* abzunehmen. Die anschließende herzogliche Tafel im Rittersaal war mit 50 Personen besetzt. Den Kaffee nahm man in den Paradezimmern. Hierbei erhielt der Hof Verstärkung durch *alle übrige Dames von Hof und aus der Stadt.*

Die berühmtesten Feste Carl Eugens waren zu diesem Zeitpunkt allerdings bereits Legende. In den Jahren 1762, 1763 und 1764 hatte er in Stuttgart und Ludwigsburg mehrtägige Spektakel anläßlich seines Geburtstags begangen. Sie glichen den *pompreichen Aufzügen der alten Römer,* so der Chronist Joseph Uriot. Im Ludwigsburger Residenzschloß entstand zu diesen Feierlichkeiten eine gewaltige Festarchitektur, die den gesamten Inneren Schloßhof, den Östlichen Vorhof und den Hof hinter dem „Ordensbau" einnahm. Mit Hilfe von Leinwand, Holz und Stuck, bemalt und vergoldet, verwirklichte man den „Palast der Pracht". Die Festgesellschaft sollte *zweifeln, ob ihre Entzückung nicht von einem Blendwerke herrühre, das eine Zauberkraft verursacht hätte.* Ein See, Felsen und Wasserfälle, Gärten und Lauben, Säulengänge, Arkaden und ein *Schauspielsaal,* Tempel und Kuppeln mußten durchwandert und erklommen werden, um symbolisch Aufnahme im Olymp zu finden. Carl Eugen hoffte dadurch, *die Bewunderung des Erdkreises zu erwekken.*

Neben den huldigenden Beschreibungen der Feste am Hof stellten sich auch Kritiker ein, die den Herzog öffentlich der Verschwendungssucht bezichtigten. Maubert de Gouvest kritisierte die Ausgaben für das Theater, die Armee, den Marstall und den *Serail* (die zahlreichen herzoglichen Maitressen). Seine Schelte gipfelte jedoch, als der Herzog den Baumeister Giovanni Niccolo Servandoni für die spektakulären Festarchitekturen verpflichtete: Carl Eugen habe bei ihm einen *Temple oder Palais de la Magnificence* (Palast der Pracht) bestellt, womit er *den Platz in Ludwigsburg meinte, wo die Feste gefeiert werden. Bei den Worten Temple de la Magnificence machten Servandoni ein Par große Augen, und fragten den Herzog ziemlich dreiste und ohne Compli-* *menten, ob er denn die Schätze der Könige von Frankreich, Spanien und Portugal besitze! Der Herzog, ohne über die Frage betreten zu seyn, antwortete mit einem stolzen Lächeln, daß seine Casse hinreichend sey, alle Plans auszuführen. Ganz gut, versetzte in eben dem Thon der Chevalier, wenn Ew. Durchlauchten es verlangen, so will ich Ihnen einen Temple de la Magnificence machen; ich muß Ihnen aber so viel im voraus sagen, daß wenn es fertig seyn wird, so werden Sie nicht so viel übrig gehalten, wovon Sie das Frühstück auf den andern Tag bezahlen können.* Im Jahr des letzten großen „Festins" in Ludwigsburg, 1764, erhob die „Landschaft" Klage gegen den Herzog bei der Reichshofkammer in Wien. Es liegt nahe, daß die Geburtstags-Festivitäten mit ihrem Prunk und dem „Palast der Pracht" den letzten Ausschlag zu diesem Schritt gegeben hatten.

Bis 1775 behielt Carl Eugen die Residenz in Ludwigsburg, auch wenn er sich ab 1764 seiner Lieblingsschöpfung Schloß „Solitude" zugewandt hatte. Nach 1770 zeichnete sich im Regierungsstil des Herzogs ein bedingter Wandel ab. Mit dem „Erbvergleich" zwischen dem Herrscher und der „Landschaft" wurde eine innenpolitische Entspannung eingeleitet. Zugleich fand der Herzog in Franziska von Hohenheim eine dauerhafte Gefährtin, die beruhigend auf sein hektisches Temperament einzuwirken vermochte. Den philanthropischen Neigungen der Zeit entsprechend baute der Herzog die von ihm gegründete Militärakademie nach und nach zur geachteten Hohen Carls-Schule aus. Das auf Überraschungen und Abwechslungen fixierte Rokoko hatte sich überlebt und mußte der Empfindsamkeit und klassizistischen Strömungen weichen. All diese Gründe mögen den Herzog dazu bewogen haben, 1775 die Residenz wieder nach Stuttgart zu verlegen und sich eifrig dem Aufbau seiner Gutsanlage in Hohenheim zu widmen. Friedrich Nicolai berichtet 1781 über das verlassene Ludwigsburg: *Ludwigsburg (...) ist eine Stadt, Schön und öde, prächtig und nicht fertig, hat einen herrlichen Spaziergang von sechsfach gesetzten hohen Bäumen, worin man so wenig als in den Straßen Menschen sieht, zwey herzogliche Schlösser die Niemand bewohnt, und ein Opernhaus, obgleich nur von Holz, doch vielleicht größer als irgend eins in Deutschland, worin seit langer Zeit keine Oper gespielt worden ist und vermuthlich in langer Zeit keine wird gespielt werden. Diese Stadt war der Schmollwinkel zweyer Herzoge von Wirtemberg.*

KÖNIGLICHE SOMMERRESIDENZ
Ludwigsburg und der Aufstieg Herzog Friedrichs II. zum König von Württemberg

Der Herzog wird Kurfürst

Nach dem Tod Herzog Carl Eugens 1793 traten seine beiden jüngeren Brüder die Thronfolge an: Ludwig Eugen regierte von 1793 bis 1795 und Friedrich Eugen von 1795 bis 1797. Ihre kurze Herrschaft war überschattet von den Kriegen, die als Auswirkungen der Französischen Revolution auch den Süden des Reiches bedrohten. Zudem gerieten sie in das Spannungsfeld zwischen den Befugnissen der Stände und ihrer eigenen Macht als Herzog von Württemberg. In dieser außen- und innenpolitisch schwierigen Situation gelangte Herzog Friedrich II. (Regierungszeit 1797 bis 1816) auf den Thron. Zuvor hatte er in preußischen, später in russischen Diensten gestanden. Nach seiner ungnädigen Entlassung durch Zarin Katharina II. führte er ein Leben im Wartestand. Denn es war zur Gewißheit geworden, daß er als der älteste legitime männliche Nachkomme den „Eugen-Brüdern" als Herzog nachfolgen sollte.

1797 trat Friedrich II. ein schweres Erbe an. Das Land hieß ihn freudig willkommen, insbesondere, weil er auf Geheiß seines Vaters Friedrich Eugen protestantisch erzogen worden war. Die „Landschaft" allerdings opponierte auf das Heftigste gegen seinen absolutistischen Regierungsstil. Mit Rücksichtslosigkeit gegen seine Familie und sein innenpolitisches Umfeld, unter zähem Beharren auf einer selbständigen Politik im Konflikt der europäischen Großmächte und dem Gerangele unter den süddeutschen Fürsten um den Erhalt ihrer Macht sowie durch äußerste Anstrengung seiner Willenskraft, konnte er nicht nur seine Position stärken, sondern Württemberg mit Hilfe Frankreichs 1802 beträchtlich vergrößern. Das Jahr darauf bescherte ihm schließlich die von Generationen württembergischer Herzöge ersehnte Würde eines Kurfürsten.

Sofort nach seinem Regierungsantritt befahl Friedrich die Renovierung und Umgestaltung des Schlosses „Favorite" und die Neuanlegung der Gärten, um Ludwigsburg als zeitgemäße Sommerresidenz nutzen zu können. In Favorite übertrug er Nikolaus Friedrich Thouret – *ein junger lebhafter Maler, der sich aber mit viel Lust auf Architektur gelegt hat*, so Johann Wolfgang von Goethe – die Aufgabe. Mit Unterstützung des Bildhauers und Stukkators Antonio Isopi wurden aus den spätbarocken Salons fein gegliederte Räume im antikisierenden Geschmack mit entsprechenden Malereien: Pompejanische Bacchantinnen bewegen sich unter einem illusionistischen römischen Zelt, Tempeldienerinnen und Göttinnen stehen auf kühltonigen Blaugründen, Jagdwaffen und Trophäen prangen an den Wänden. Der Saal erstrahlt in Weiß: auf kannelierten Pilastern, Farnfächer-Dekoren und kleinteiligen Gesimsprofilen führt die Sonne „Licht und Schatten-Spiele" auf. In den Westräumen spannte man auf Rupfen geklebte Papiertapeten über abgeschliffene, barocke Bandelwerkstukkaturen. Bei der 1976–1782 durchgeführten Restaurierung legte man im Südwestzimmer den weitgehend erhaltenen ursprünglichen Stuck frei und stattete alle Räume mit passenden Möbeln und kostbaren Kunstwerken aus.

1799 konnte die Bedrohung Ludwigsburgs durch französische Truppen in letzter Stunde abgewehrt werden. Trotz der andauernden Kriegsgefahr hatte Friedrich unermüdlich an den beiden Schlössern und den Gartenanlagen weiterarbeiten lassen. Nicht nur die östlichen Gärten waren zum Teil fertiggestellt, sondern auch die wichtigen Räume in der Beletage des „Alten Corps de logis" und des „Riesenbaus" waren in klassizistischer Manier verändert worden. Diese schlichten Überformungen hat man 1865 und in den 50er Jahren unseres Jahrhunderts weitgehend rückgängig gemacht.

Das beschauliche Leben in der Sommerresidenz Ludwigsburg erfuhr in den Jahren bis 1803 eine schwerwiegende Unterbrechung. War im September 1799 bereits einmal der Hof auf einen *plötzlichen Abmarsch* vorbereitet worden, so mußten Anfang Mai 1800 erneut Abende und Nächte *mit*

Unschlagbares Angebot:

→ 24 Monate bestens informiert mit StN digital und Ihrem Tablet-Favoriten

→ Abonnenten der Print-Ausgabe lesen günstiger – bereits ab 15,90 € im Monat*

Wählen Sie Ihren Tablet-Favoriten:

→ **Samsung Galaxy View mit 18,4 Zoll** – für ein begeisterndes Zeitungs- und Fernseherlebnis. Einmalzahlung 199 € statt 259 €

→ **Apple iPad Air 2 mit 9,7 Zoll** – leicht, schnell und ideal für unterwegs. Einmalzahlung 9 € statt 109 €

Noch bis 10. Juli bestellen und 1 von 11 EM-Bällen gewinnen:
abo-stn.de/em-angebot

StN digital

Ihre Nachrichten. Überall.

König Friedrich von Württemberg im Krönungsornat, 1808. Dem Maler Johann Baptist Seele gelang es, das absolutistische Selbstverständnis des „württembergischen Zaren" wiederzugeben.

Einpackung der Kostbarkeiten und der Garderobe zugebracht werden: französische Truppen überfluteten Württemberg. Am 10. Mai erhielt man den Befehl, *sich zur Abreise nach Weildingen in Bereitschaft zu halten.* Tags darauf floh Herzogin Charlotte Mathilde, die zweite Gemahlin des Herzogs und Tochter König Georgs III. von Großbritannien, nach Erlangen. Sie nahm die jüngeren Kinder aus Friedrichs erster Ehe mit sich, und der Herzog folgte ihnen. Nach einjähriger Abwesenheit kehrte er am 13. Mai 1801 – unter dem Jubel der Bevölkerung, mit militärischem Geleit, Glockengeläut, Trompeten, Pauken und *türkischer Musik* – nach Ludwigsburg zurück.

Der Alltag kehrte rasch wieder ein. Friedrich, seine Familie, Damen und Kavaliere ritten, fuhren und spazierten in den Gärten. Man speiste zumeist im Marmorsaal, seltener *im Wacht-*(Garde)*Saal* und bei festlichen Anlässen in der späteren Bildergalerie. Des öfteren findet sich im Hoftagebuch der Eintrag *Nachts soupirten S(erenissi)mus mit deß H(errn) Staats-Minister Graf von Zeppelin* (seinem Intimus) *En Retraite; die Frau Herzogin und sämtliche fürstliche Personen auch Cavaliers und Dames speisten wie gewöhnlich in der Galerie zu Nacht.* Zeppelin war bei fast allen Unternehmungen des Herzogs an seiner Seite. War dies nicht der Fall, schrieb er ihm ausführliche und anrührende Briefe. Als Zeppelin im Juni 1801 erkrankte, verbrachte Friedrich viele Stunden am Krankenlager oder hielt sich in seiner Nähe auf. Nach dem kurz darauf erfolgten Tod des Grafen ließ er durch Thouret ein Mausoleum errichten, das mit der Giebelinschrift „Dem vorangegangenen Freunde" versehen wurde.

Das unspektakuläre Einerlei des sommerlichen Hoflebens wurde durch Theaterbesuche in Stuttgart, Jagden oder die alljährlichen Manöver unterbrochen. Freudig nahm man durchziehende Gaukler auf: *Sere*(nissi)*mus geruhten gnädigst zu befehlen, daß der hier im Gasthof Waldhorn spielende, MarionettenSpieler und zugleich Ombres Chinoisis im Schloß spielen sollte (…) die Durchl*(auchtigsten) *Herrschaften und der ganze Hof wohnten dem Spectacel bey.* Einfache Unterhaltung ließ man untermalen. *wärend dem Spiel* (bei der Kurfürstin) *ließen sich die Hoboisten (…) mit blasenden Instrumenten im Garten vor dem Assembléezimmer hören.* Visiten bedeutender Persönlichkeiten waren Anlaß für die Entfaltung höfischen Zeremoniells, so beim Besuch des *Kayserlich Königlichen Gesandten Graf von Metternich,* dem späteren österreichischen Staatskanzler, oder des Großfürsten Alexander, dem späteren Zaren von Rußland.

Am 7. September 1802 waren württembergische Truppen ausgezogen, um die dem Herzogtum zugesprochenen Gebiete zu besetzen. Am 29. April 1803 hatte der Herzog erfahren, daß ihm die Kurwürde übertragen wurde. Aus diesem Anlaß fanden in Stuttgart mehrtägige pompöse Feiern statt, denen sich ein prächtiger Einzug in Ludwigsburg anschloß. Die Hofhaltung in Ludwigsburg gewann mit der Rangerhöhung Friedrichs einen gesteigerten Glanz. Die Manöver und Revuen der Truppen wurden ausgedehnter und prachtvoller inszeniert. Man bespielte das Ludwigsburger Theater, in dem im August 1804 sogar Iffland gastierte und in den Stücken „Woiwar" und „Der Essigmann" brillierte. Die Hoffeste wurden aufwendiger gestaltet und das Schloß „Favorite" sowie das bis 1804 im Inneren fast völlig neu ausgestattete Schloß „Monrepos" in die ausladenden Festivitäten einbezogen. Gesandte deutscher und ausländischer Mächte erschienen zu Audienzen und Antrittsbesuchen im Schloß und wurden mit großem Hofzeremoniell vorgelassen.

Dem Kurfürsten Friedrich genügten die klassizistisch umgestalteten Räume im „Alten" und die barocken Fluchten im „Neuen Corps de logis" nicht mehr. Um 1804 ließ er deshalb sein Appartement im „Neuen Corps de logis" weitgehend in den Formen des Empire renovieren. Hierbei arbeitete der in „Favorite" und „Monrepos" bewährte Nikolaus Friedrich Thouret erneut mit Antonio Isopi zusammen und erhielt wesentliche Unterstützung durch den Ebenisten Johann Friedrich Klinckerfuß. Thouret hob die im 18. Jahrhundert festgelegte Trennung zwischen dem Privatquartier und dem Paradeappartement auf. In dieser Vereinigung kommt zum Ausdruck, daß eine Separierung nicht mehr notwendig war, da Ludwigsburg nur noch als Sommersitz fungierte. Zudem scheint sich das Machtverständnis Friedrichs als Kurfürst derartig gesteigert zu haben, daß er die vormals als Repräsentationsräume genutzten Staatszimmer für seine Person „annektierte". Thouret gestaltete die wichtigen Salons besonders aufwendig. Das Audienzzimmer nimmt dabei den ersten Rang ein: ägyptische Motive – Sphingen und Greife – künden von der Mode, die durch Napoleons Feldzug an den Nil inspiriert wurde. Die schwere Erhabenheit des Raumes setzt sich bis in die antikischen Stukkaturen und Malereien des gelbglänzenden Konferenzzimmers fort. Im „Registraturzimmer" ließ sich der Malerarchitekt bei den Dekorationen von Renaissance-Grotesken inspirieren. Auch

die verwandtschaftlichen Beziehungen zum britischen Königshaus fanden in den Umgestaltungen ihren Niederschlag: das Audienzzimmer Charlotte Mathildes – der einzige Raum, den man zu diesem Zeitpunkt für sie veränderte – zeigt Einflüsse aus der englischen Kunst. In der Bilder- und der Ahnengalerie blieben die barocken Deckenfresken erhalten, während Thouret die Wände völlig neu gliederte. Über dem Kamin der Bildergalerie prangt ein Reliefmedaillon mit dem Bildnis Friedrichs von Philipp Jakob Scheffauer aus dem Jahr 1805, ein Monument für den neuen württembergischen Kurfürsten.

Im Juni 1805 verlobte sich Prinz Paul, der jüngere Sohn Friedrichs, mit Prinzessin Charlotte von Sachsen-Hildburghausen. Das Ereignis wurde mit einer Gratulationscour, einer festlichen Tafel, der Opernaufführung „Don Juan" und einem abschließenden großen Souper begangen. Am 24. September des Jahres begannen die mehrtägigen Hochzeitsfeierlichkeiten für das Paar. Am 28. erfolgte die Trauung, und am Tag darauf integrierte man in den Festestaumel den Geburtstag der Kurfürstin Charlotte Mathilde. Einen Tag später fanden die Festlichkeiten ein jähes Ende: es bestand akute Kriegsgefahr. Nahezu ohne Vorankündigung erschien am 2. Oktober 1805 Kaiser Napoleon I. von Frankeich in Ludwigsburg.

Im Hoftagebuch wurde der Besuch minutiös festgehalten: *Nachts nach 10 Uhr kamen S(ein)e Majestät der Kaiser der Franzosen in Begleitung des H(errn) Herzog Paul, So Ihro Majestät entgegengeritten waren, unter dem Donner der Kanonen, und Läutung aller Glocken der Stadt hier an, Höchst dieselben stiegen im Garten am MarmorSall aus, wo Höchst Sie von Seiner Churfürstl. Durchlaucht (…) und dem ganzen Hof empfangen, und von S(eine)r Churfürstl. Durchl(aucht) in dem MarmorSall, wo die Frau Churfürstin K(önigliche) Hoheit mit denen Herzoginnen, Prinzeßin, und von denen Staats u. Hof Damen umgeben waren, geführt und (…) presentirt wurde; nach diesem verfügten Sich Ihro Majestät in Dero Apartement, und zwar in die Zimmer S(eine)r Churfürstl. Durchl(aucht) so für Ihro Majestät bereitet waren.* Während des kurzen Aufenthalts speiste man in der *Familien-Galerie, wo der Kaiser mit den Durchlauchtigsten Herrschaften unter dem Dais (Baldachin) an einer Tafel zu 13 Couvert speisten, und wo die Höchsten Herrschaften bloß von den Kammerherrn und Kammerjunkers von der Aufwartung servirt wurden. Wärend der Tafel blieb der Hof an der Tafel stehen, und nach endigung derer, speisten derselbe*

Um 1804 ließ Friedrich nicht
nur sein Vorzimmer im „Neuen
Corps de logis" (Photographie
um 1920), sondern auch andere
wesentliche Räume des ehemaligen Staatsappartements umgestalten.
Nikolaus Friedrich Thouret
mußte für den 1803 zunächst
zum Kurfürsten, 1806 schließlich zum König erhobenen
Friedrich sehr rasch seine Pläne
verwirklichen.

in der Bilder Gallerie. Friedrich entfaltete in aller Eile die ge-
botene Pracht, die für einen unerwarteten und zudem für
Württemberg weder unbedeutenden noch ungefährlichen Besucher notwendig erschien. Am 3. Oktober zog sich der Kaiser mit dem Kurfürsten zu einem folgenreichen Gespräch
unter vier Augen zurück. Napoleon forderte Friedrich auf,
sich Frankreich anzuschließen und stellte Gebietserwerbun-
gen und später sogar die Königskrone in Aussicht. Sollte sich
Friedrich gegen ihn entscheiden, drohte der Kaiser mit
schweren Repressalien. Der württembergische Kurfürst
stellte sich jetzt erst und nach langer Gegenwehr auf die Seite der Franzosen und gab damit seine Treue gegenüber dem

Kaiser Franz und dem Reich auf. Am 1. Januar 1806 konnte Friedrich schließlich den Titel eines Königs von Württemberg annehmen. Seine Regierung stand von nun an ganz unter der Vorgabe, Alt-Württemberg mit den neuen Gebieten zu vereinen und aus dem Land einen straff und modern verwalteten Staat zu organisieren. Friedrich tat dies mit äußerster Strenge und dachte überhaupt nicht daran, seine Bürger an der Staatswerdung zu beteiligen. Er regierte weiterhin ganz im Sinne des Absolutismus.

Der neue König wandte sich in den nächsten Jahren fast gänzlich dem Ausbau seiner Hauptresidenz in Stuttgart zu. Dort entstanden Raumfluchten im „Neuen Schloß", der Schloßgarten und ein neues Stadtviertel um die „Untere Königstraße". In Ludwigsburg wurden erst wieder zwischen 1810 und 1812 größere Unternehmungen verwirklicht. Für den königlichen „Goldenen Adler Orden" ließ Friedrich die evangelische Schloßkirche in die „Ordenskapelle" verwandeln. Der gesamte europäische Hochadel wurde vom württembergischen König mit dem Ordenskreuz bedacht: von Kaiser Napoleon I. und seinen königlichen Brüdern, über den preußischen König, den neugekürten König von Bayern und den Großherzog von Baden bis zu den Söhnen Friedrichs, Kronprinz Wilhelm und Prinz Paul. Für die feierlichen Zeremonien stand dann nicht nur die „Ordenskapelle" zur Verfügung. Auch der große benachbarte Festsaal wurde als „Ordenssaal" im Empirestil dekoriert. Thouret deckte dabei die barocken Wandgestaltungen zum Teil und die Scheinarchitektur des illusionistischen Deckenbildes fast völlig durch klassizistische Ornamente ab (1939 hat man den Saal rebarockisiert). Das Ludwigsburger Hofleben gestaltete sich noch aufwendiger als in den vorangegangenen Jahren, und so wurde auch das Theater verstärkt bespielt. Thouret ließ deshalb den Rokokodekor abnehmen und im „entkleideten" Zuschauerraum Empireformen applizieren.

In den Jahren 1812 bis 1815 wandte sich das Kriegsglück von Napoleon zugunsten der Allianz von England, Rußland und Preußen ab. Auch der württembergische König schwenkte, wie alle abhängigen Verbündeten der Franzosen, auf die Seite der Alliierten. In diesen schweren Zeiten konnten nur wenige künstlerische Projekte gedeihen. Aber als sich das Ende Napoleons abzeichnete, ließ Friedrich in Stuttgart und Ludwigsburg weitere Ideen verwirklichen. In der Sommerresidenz widmete er sich noch einmal dem „Neuen Corp de logis". Die schadhaften Decken in den Repräsentationsräumen – Treppenhäuser, Gardesaal und Marmorsaal – wurden von Thouret durch schlichte Konstruktionen ersetzt. Im Marmorsaal behielt er die barocken Stuckmarmor-Inkrustationen und -Pilaster bei. Wie im Theater legte man diesem „Fond" antikisierende Motive auf. Hierbei fügte Thouret auch die Attikazone ein, die durch elegante Koren gegliedert wird. Sie tragen Schalen und Kannen, um auf die Verwendung des Raumes als zeitweiligen Speisesaal hinzuweisen. Die Decke wird von einem illusionistischen Wolkenhimmel eingenommen. So entsteht der Eindruck eines mächtigen Gartentempels.

Mit dem Tod König Friedrichs 1816 kamen die Arbeiten in Ludwigsburg zunächst zum Erliegen. Die weitreichenden Veränderungen unter seiner Herrschaft zeugen von dem Willen, eigenes zu schaffen und der Sommerresidenz seinen Stempel aufzudrücken. Dennoch wurde das Äußere der beiden Schlösser nicht verändert, so daß die klassizistischen Räume von barocken Fassaden umschlossen werden.

Witwensitz der Königin

Nach Friedrichs Tod erkor sich seine Gemahlin Charlotte Mathilde Ludwigsburg als Witwensitz. Sofort ließ sie ihr Appartement im „Neuen Corps de logis", das von den Veränderungen der vorangegangenen Bauetappen kaum berührt worden war, in Empire-Manier umgestalten. Thouret, der auch hier höchstwahrscheinlich als Architekt auftrat, bezog dabei wiederum Teile der barocken Dekorationen in die neuen Zusammenhänge ein. Aber im Gegensatz zu den älteren Friedrichs-Räumen wandte er in den meisten Zimmern architektonische Gliederungen an. Diese Pilasterstellungen in antikisierenden und ägyptisierenden Formen verleihen der Raumflucht der Königin ein einheitlicheres Erscheinungsbild. Besonders reizvoll wirkt das Arbeitszimmer, dessen Wandfelder von großen Spiegelflächen eingenommen werden. Im Gegensatz zum Rokoko waren derlei Spiegelkabinette im Klassizismus nur noch selten anzutreffen. Hierbei zeigt sich aber deutlich der Wandel vom spielerisch-illusionistischen Charakter der Zeit um 1750 zum strenggefaßten, architekturbestimmten Eindruck der Zeit um 1815–1820. Nach der Fertigstellung um 1820 bewohnte die Königinwitwe diese Räume bis zu ihrem Tod 1828. Sie führte ein beschauliches und zurückgezogenes Leben.

Für die Feierlichkeiten des königlichen „Goldenen Adler Ordens" baute Thouret um 1810 den Ordenssaal im Geschmack des Empire um. 1939/40 unternahm man den Versuch, den barocken Zustand wiederherzustellen (Photographie um 1929).

Das barocke „Diana-Zimmer" hatte man 1799 im Empire verändert. 1865 entschied König Karl, die Decken von Johann Jakob Stevens von Steinfels (1709/10) hier und in den angrenzenden Räumen wieder freizulegen. In den 1950er Jahren wurde der Raum schließlich völlig rebarockisiert (Photographie um 1929).

Das Schloß im 19. und 20. Jahrhundert

Ludwigsburg verlor durch König Friedrichs Tod fast allen höfischen Glanz. Sein Sohn Wilhelm I. gab Stuttgart und den eigenen Bauvorhaben den Vorzug. Er weilte nur zu kurzen Visiten im Residenzschloß, wenn er seine Stiefmutter, Königin Charlotte Mathilde, besuchte. 1819 allerdings stand Ludwigsburg noch einmal im Brennpunkt der württembergischen Geschichte. Im Thronzimmer des Residenzschlosses überreichte der Präsident der Ständeversammlung Wilhelm I. die Verfassungsurkunde des Königreichs. Hierbei schloß der Präsident seine Rede mit den Worten, *daß es stets der Stolz des Würtembergers seyn wird, einem Regenten anzugehören, welcher sein Volk durch den Abschluß des Vertrages einen so seltenen Beweis des Zutrauens gibt, und es dadurch höher ehrte, als je ein Volk geehrt ward.* Im Ordenssaal übergab der König das Exemplar der von ihm und seinen Ministern unterzeichneten Verfassungsurkunde an die Ständedelegation und erwiderte die Rede des Präsidenten: *Hochgeborne, Ehrwürdige, Edle, Liebe Getreue! Sie erhalten hiemit Meine feierliche Bestätigung der durch freies Einverständnis errichteten Verfassung des Königreichs. Möge diese ernste Stunde segenreich für das Vaterland seyn! Und sie wird es seyn, wenn der Geist der Mäßigung, der Ordnung und der Wahrheit ihrer*

Anwendung vorsteht, wenn wahre Vaterlandsliebe ächter Bürgersinn das Gute, welches sie enthält, auszubilden, und ihre Unvollkommenheiten, die sie mit jedem menschlichen Werke theilt, zu verbessern bemüht sind. Ohne diesen Geist, ohne diese Gesinnung ist jede Verfassung eine leere Form. Zum Abschluß der Feierlichkeiten riefen alle Anwesenden: Lange und glüklich regiere König Wilhelm! mit lauter Stimme und der lebhaftesten Rührung (Auszüge aus einer Stuttgarter Zeitung, 27. September 1819).

Genau 100 Jahre später wurde die erste demokratische Verfassung Württembergs im Ordenssaal des Ludwigsburger Residenzschlosses verkündet.

Noch während das Schloß bis in das 20. Jahrhundert Mitgliedern des Hauses Württemberg, verdienten Hofdamen und Hofbeamten als Wohn- und Ruhesitz diente, wurde es nach und nach der Öffentlichkeit zugänglich gemacht. Größere Restaurierungen setzten in den 1930er und 1950er Jahren ein. Sie finden ihre Fortsetzung in weitreichenden Maßnahmen, die zum 300. Grundüngsjubiläum Ludwigsburgs im Jahr 2004 zum Abschluß gebracht sein sollen.

BAROCKGÄRTEN – EMPIRE- UND LANDSCHAFTSPARK – «BLÜHENDES BAROCK»

Die wechselvolle Geschichte der Ludwigsburger Gärten

Terrassengarten und Barockparterre –
die Gärten unter Herzog Eberhard Ludwig

Im Barock wurde die Gartenkunst, dem Streben des Zeitalters entsprechend, dem Gesamtkunstwerk zugeordnet. So wie Baumeister, Maler und Bildhauer zusammengearbeitet haben, um ein einheitliches Werk zu gestalten, so war der Gartenkünstler dazu bestimmt, die Architektur des Schloßbaus in den Freiraum hinein fortzusetzen. Der Hof erhielt in den Gärten ein Parkett für Festivitäten. Zudem entstanden abgeschirmte Bereiche für legereren Umgang und traute Zusammenkünfte.

In Ludwigsburg wurden die Gärten mit den Erweiterungen des Schlosses ständig verändert und vergrößert. Johann Friedrich Nette plante die ersten Anlagen abweichend von der üblichen Praxis: Er projektierte sie nicht nur jenseits des „Alten Corps de logis", sondern auch im Vorfeld des Ehrenhofes. In Anpassung an die topographische Situation gestaltete er dabei den nördlichen Bereich als steil abfallenden, italienischen Terrassengarten und die ebene, allmählich ansteigende Fläche im Süden als holländisch-französisch geprägten Parterregarten.

Im Terrassengarten sah Nette Kaskaden, eine Grotte und ein Bad sowie eine Orangerie und ein abschließendes Bassin vor. Der Stich, der seine Planungen wiedergibt, zeigt die beabsichtigte Wirkung: das „Alte Corps de logis" thront wie eine italienische Villa auf der Höhe des Steilhangs. Diese theatralische Inszenierung wurde 1715 nochmals von Nettes Nachfolger Donato Giuseppe Frisoni aufgegriffen und gesteigert. Bis 1721 ließ Herzog Eberhard Ludwig die Zeichnungen zum Teil verwirklichen. Dann beseitigte man das Begonnene weitgehend, um die Erweiterung des „Alten Corps de logis" in Angriff nehmen zu können. Vergeblich, denn diese Planung wurde 1725 zugunsten der Errichtung des „Neuen Corps de logis" aufgegeben. Der Terrassengarten, der im Stilempfinden der Zeit ohnehin als überholt galt, blieb schließlich als Torso liegen.

Im Südgarten gliederte Johann Friedrich Nette ein quadratisches Parterre durch ein sternförmiges Wegenetz und ließ die Beete in barocker Manier „en broderie" (wie Stickereien) formen. Farbige Kiese, Sande, Glas- oder Keramikscherben hat man hierbei in die aus Buchsheckchen gebildeten Ornamente eingelegt. Seitlich der Broderien entstanden „Boulingrins" (Rasenvertiefungen) und Pavillons, die durch hohe Hecken eingefaßt waren. Als Blickfang für die Querachse fungierten ungewöhnliche Architekturen: zwei Ruinen mit einer kolossalen Mittelvase. Auch wenn derartige Staffagen im Verlauf des 18. Jahrhunderts häufig Verwendung fanden, so waren sie in der Gartenkunst um 1700 doch einzigartig. In der Längsachse breitete sich auf einer erhöhten Ebene ein Rasenparterre aus, das der kostbaren Orangerie als Aufstellungsort diente. Die in Kübeln gepflanzten Bäumchen mußten in eigens errichteten Gebäuden überwintern. Als Gartenabschluß erscheint auf dem Nette-Stich eine Kolonnade, die das Reiterstandbild Eberhard Ludwigs gleich einer Gloriette flankiert. Dieses Monument zum Ruhm des Herzogs blieb allerdings auf dem Papier.

Nach Nettes Tod 1714 übernahm Donato Giuseppe Frisoni die Anlegung der Gärten. Er berief sich in seinen Plänen auf die französische Gartenkunst unter Ludwig XIV., die ihm durch Publikationen von Le Pautre bekannt war. Für die Garteneingänge hatte Frisoni phantasievolle Säulen- und Treppenanlagen vorgesehen. Im Südgarten plazierte er auf dem oberen Parterre einen triumphalen Fassadenbau. Seitlich dieses offenen Arkadenpavillons sah er Orangerien vor, bei denen die Bäumchen in den Boden gepflanzt werden sollten. Über Steinpfeilern entwarf er „aufschlagbare" Gewächshäuser, die den Pflanzen im Winter Schutz geboten hätten.

Als Eberhard Ludwig 1725 die Anweisung gab, ein *gantz neues Corps de logis nach den (...) subscribirten Rissen, und zwar oben auf den ersten Absatz des großen Lustgartens* zu errichten, mußte man die Gärten nach Süden erweitern.

„Prospect der Hintern seite des Palasts und Gartens" (Stich nach dem Entwurf von Johann Friedrich Nette, 1709). In Anlehnung an italienische Terrassengärten entwarf Johann Friedrich Nette den Ludwigsburger Nordgarten, der nur in Teilen ausgeführt wurde.

Hierfür griff der Herzog nicht mehr auf Frisoni zurück, sondern schickte Johann Adam Classen nach Frankreich, um ihn den neuesten „goût" der Gartenkunst studieren zu lassen. 1729 legte der Zurückgekehrte einen großzügigen, von dem zeitgenössischen Theoretiker Dezallier d'Argenville beeinflußten Plan vor. Classen hatte die Architekturen, Treppen und Balustraden durch natürliche Rasen-Rampen und -Böschungen ersetzt. Von den axialen Bezügen bis hin zu einzelnen Gestaltungsdetails dominierte französischer Einfluß. Allein die aufwendigen Kaskadenanlagen waren durch die

39

Schönborn-Gärten in Franken und das Belvedere in Wien inspiriert. Als Classen 1733, dem Todesjahr des Herzogs, Ludwigsburg verließ, sollen die Gärten weitgehend vollendet gewesen sein.

Heckenlabyrinthe und Hesperidenhaine –
die Gärten unter Herzog Carl Eugen

In der Gartenkunst des Barock war der Wunsch nach Großartigem und Majestätischem vorherrschend. Das Rokoko stellte dem das Bedürfnis nach Überraschung, Vielfalt und Abwechslung entgegen. Aus den weiträumigen Anlagen des Barock zog sich die Hofgesellschaft nun in kleinteilige Gärten zurück, in denen man nicht mehr den aufwendigen Parterres den Vorzug gab, sondern größten Wert auf labyrinthische Heckenquartiere legte.

Aus der Zeit Herzog Carl Eugens haben sich für das Parterre im Südgarten verschiedene Entwürfe erhalten. Der Herzog scheint jedoch auf die Ausführung eines Repräsentationsparterres keinen gesteigerten Wert gelegt zu haben. Zwischen 1750 und 1765 konzentrierte er sich ganz auf die Verwirklichung der verwirrend-vielgestaltigen Bosketts um Schloß „Favorite" und den Lustwald „Plantage". Kleine Wege, zum Teil in „Schlängel"-Manier, führten zu Salons und Kabinetten, die von Heckenwänden oder Gebüschen gerahmt waren. Ein kleines Heckentheater, ein Schneckengang und eine Terrassenanlage waren in diesen riesigen Irrgarten integriert. Die Damen und Kavaliere sollten und wollten sich in diesem abgegrenzten Quartier zu heiterem Zeitvertreib zurückziehen können.

Direkt vor der Südfassade des „Neuen Corps de logis" hatte Carl Eugen den balustradenumgrenzten Vorgarten neu geschaffen. Eine Unzahl Orangenbäume verwandelte diesen Bereich in einen „Hesperidenhain". Über diesem „südlichen Wäldchen" wurde im Winter ein riesiges, von einer Holzkonstruktion gestütztes Gewächshaus errichtet. Orangerien gehörten zu den Glanz- und Schaustücken in jedem Barockgarten. Die Ludwigsburger Sammlung galt *als eine der prächtigsten in Europa*. Bei Festivitäten spannte man unter der Holzdecke ein Tuch, *das wie der Himmel gemahlet war, um die Verwunderung derjenigen die darinn spazierten, zu vermehren*. Anläßlich der Geburtstagsfeierlichkeiten Carl Eugens im Februar (!) 1763 hebt der Chronist

Joseph Uriot hervor: *Man bewunderte besonders an diesem Tage in allen Blumenbettern des Gartens eine Menge natürlicher Blumen, die sonst nur in den angenehmsten Frühlingstagen in dem freyen Boden gefunden werden. Die Damen des Hofes konnten diese Blumen nach Belieben brechen, wenn sie sich an ihrem Geruche ergözen oder sich damit schmücken wollten. Beynahe eine Million Lampen, die entweder nach den verschiedenen Figuren der Parterren auf der Erde standen, oder an den Mauren und Pfeilern der Einfassung festgemacht waren, verbreiteten daselbst (...) ein Licht, welches dem Gesichte alle, selbst die kleinsten Gegenstände entdeckte. Diese grün, nach der Art zierlich beschnittener Haagbuchen, überkleideten Pfeiler, machten längs der Orangerie Schwibbögen, und mit der Haupteinfassung selbst eine Art eines Säulenganges, den*

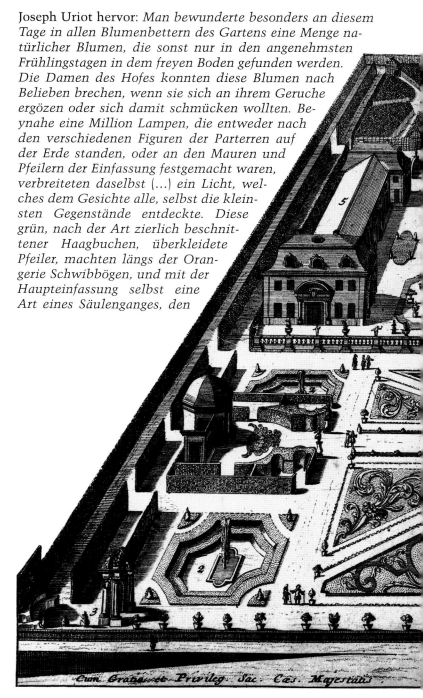

40

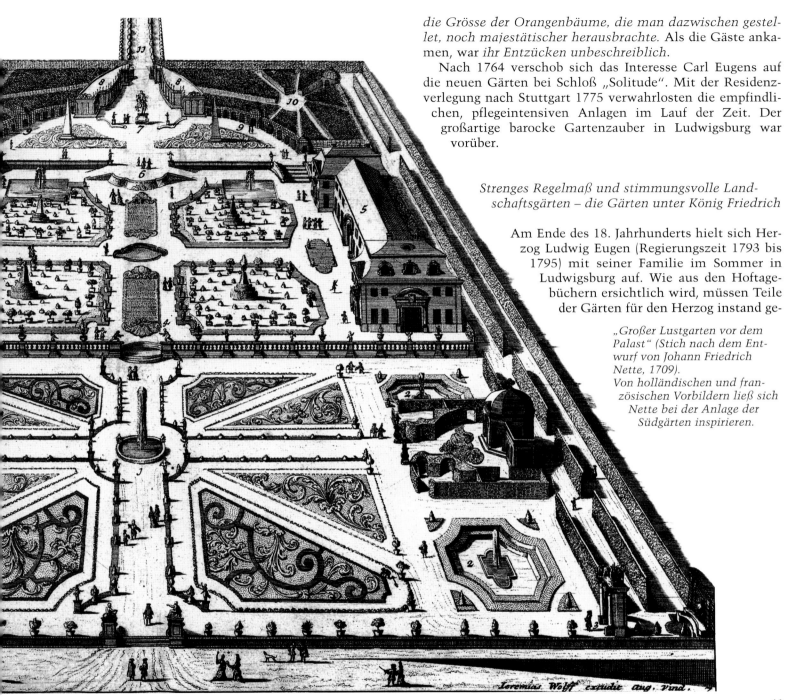

die Grösse der Orangenbäume, die man dazwischen gestellet, noch majestätischer herausbrachte. Als die Gäste ankamen, war *ihr Entzücken unbeschreiblich.*

Nach 1764 verschob sich das Interesse Carl Eugens auf die neuen Gärten bei Schloß „Solitude". Mit der Residenzverlegung nach Stuttgart 1775 verwahrlosten die empfindlichen, pflegeintensiven Anlagen im Lauf der Zeit. Der großartige barocke Gartenzauber in Ludwigsburg war vorüber.

Strenges Regelmaß und stimmungsvolle Landschaftsgärten – die Gärten unter König Friedrich

Am Ende des 18. Jahrhunderts hielt sich Herzog Ludwig Eugen (Regierungszeit 1793 bis 1795) mit seiner Familie im Sommer in Ludwigsburg auf. Wie aus den Hoftagebüchern ersichtlich wird, müssen Teile der Gärten für den Herzog instand ge-

„Großer Lustgarten vor dem Palast" (Stich nach dem Entwurf von Johann Friedrich Nette, 1709).
Von holländischen und französischen Vorbildern ließ sich Nette bei der Anlage der Südgärten inspirieren.

setzt worden sein. Man speiste *in dem kleinen Garten hinter dem Schloß*, fuhr mit Gästen *in denen Anlaagen spazieren* oder verfolgte eine aufseheneregende Demonstration: *Nach der MittagsTafel geruhten S(erenissi)mus mit Höchster Familie und der hiesigen Noblesse einen durch den Mechanicus Ensslin verfertigten LuftBallon in der Mitte des Schloß-Gartens von dasiger Gallerie, gnädigst mit anzusehen, und sodann ihre gnädigste Zufriedenheit gegen den vermelten Ensslin zu bezeugen.* Am 20. Mai 1795 ereilte den Herzog der Tod in den Gärten: *Serenissimus geruhten vormittags (...) auszureuthen, und nachdem Höchstdieselbe ohngefehr von dem kleinen Garten hinweg ein paar Hundert Schritte geritten waren, wurden Höchstdieselbe von einem Steck und Schlagfluß betroffen, so daß solche ganz langsam herab und zu Boden gesunken.*

Herzog Friedrich II. (Regierungszeit 1797 bis 1816), seit 1806 König von Württemberg, ließ sofort nach seinem Regierungsantritt die Anlagen vollkommen verändern. Ab 1798/99 wurden in Etappen die Südgärten neu geordnet, die beiden Ostgärten geschaffen und der – seit Eberhard Ludwig und Carl Eugen unvollendete – Nordgarten in einen passablen Zustand versetzt. Bereits im Mai und Juni 1798 berichtet das Hoftagebuch, daß Serenissimus *in denen neuen Anlagen spazierenritten* oder daß man am Abend noch einen *Spaziergang in die englische Anlagen*, die Ostgärten, unternahm. Die Umsetzung der Planungen müssen also in Windeseile in Angriff genommen worden sein.

Unter Friedrichs Führung wurde das Terrain für den neuen Stil der Gartenkunst geebnet. Während man das Parterre vor dem „Neuen Corps de logis" in Empire-Manier regelmäßig formte, entstanden die östlichen Bereiche als stimmungvolle Landschaftsgärten, die ideale Natur darstellen sollten. Dabei wurde das Parterre in ganz traditioneller Weise als Repräsentationsfläche verstanden: Hier konnten sich die Damen und Kavaliere des Hofes zeigen und aufwendige Feste gegeben werden. In den landschaftlichen Ostgärten englischer Prägung schuf man kontrastierende Motive und Partien mit unterschiedlichem Charakter. Die romantische Gefühlswelt wollte sich in diesen begehbaren Landschaftsgemälden wiederfinden und gleichzeitig die emotionale Erregung gesteigert wissen. Das unregelmäßige und teils zerklüftete Gelände hatte beim Bau des Schlosses als Steinbruch gedient und eignete sich nun vorzüglich für die Verwirklichung dieser Ideen.

Vor dem „Neuen Corps de logis" behielt Friedrich allein die Umfassung und die Grundgestalt des Vorgartens bei. Die Beete wurden durch einfachgeformte Buchsheckchen gesäumt, in die man freiwachsende Blumen und Stauden setzte sowie einfarbige Kiese einlegte – in dieser Weise hat man den Garten vor einigen Jahren wieder angelegt. Auf den Balustraden fanden im Sommer unzählige Topfpflanzen Aufstellung, die das Bild üppiger Vegetation verstärkten. Laut Hoftagebuch erklang *Abends um 8 Uhr im Gartten am Schloß (...) Sonntags und Freytags gewöhnl. Türkische Musique.*

In der Mittelbahn des ausladenden Südparterres ließ Friedrich einen Kanal graben, der in ein zentrales, querovales Bassin mündete. Diese Wasserachse, die wegen ihres Umrisses „Epaulettensee" genannt wurde, war das dominierende Element. Mit vier rechteckigen, rabattenverbrämten Rasenflächen betonte man die Weitläufigkeit des Parterres. Strenges Ebenmaß und geradlinige Schlichtheit zeigten die Ideale des Klassizismus. Jedes dieser großen Rasenstücke besaß einen zentralen, mit opulentem Blumenschmuck versehenen kleinen Hügel. Auf diesen Erhebungen prangten Riesenvasen, Meisterwerke des italienischen Bildhauers Antonio Isopi.

Seitlich des „Neuen Corps de logis" lagen die beiden Privatgärten, die Carl Eugen mit graziler Verspieltheit ausgestattet hatte, und die nun einen etwas verlotterten und vor allem völlig unzeitgemäßen Eindruck machten. Friedrich gliederte seinen – Ende der 1980er Jahre stilvoll wiederhergestellten – Garten in zwei unterschiedliche Bereiche. Der hintere, „hausnahe" Garten wurde auf leicht gewelltem Niveau eben gehalten, mit Rasen belegt und von rosenumrankten Laubengängen begleitet. In den vier Ecken standen auf Terrassen kleine Häuschen, die er aus dem legendären Hohenheimer „Dörfle" Carl Eugens abtransportieren und hier nun umgewidmet wiederverwenden ließ.

Im vorderen, „hausfernen" Bezirk verwirklichte Friedrich einen miniaturisierten englischen Landschaftsgarten. Lauschige Gehölze, Stauden, Schlängelwege, ein baumverschatteter Teich und ein Ruheschirm vervollkommnen den Eindruck einer waldigen Zone; Kontrast zum offenen Rasen-"Parterre" am Haus und zugleich Abschirmung gegen das große, repräsentative Südparterre. Beziehungsreiche Statuen beleben den „Friedrichsgarten": der „trunkene Faun" von Heinrich Dannecker spiegelt sich im Teich, der versonnene Antinous und der lebhafte Merkur überschauen die kleine Rasenfläche.

„Das königliche Württember-
gische Residenzschloss von der
Rückseite nebst einer Insel in
der englischen Anlage".
Der kolorierte Kupferstich von
Friedrich Weber zeigt den
„Unteren Ostgarten" um 1810.

„Das Carousel nebst dem
oberen See u. einem Theil des
Spielplatzes". Webers Stich
(um 1810) gibt den „Oberen
Ostgarten" wieder mit den
Spielgeräten, die rekonstruiert
werden.

Im Garten Charlotte Mathildes, der Gemahlin Friedrichs, ging man bei der Gestaltung ganz anders vor (auch er ist rekonstruiert worden). Der einfache Vorbereich ist vom rückwärtigen Gartenraum durch eine Mauer abgeschrankt. Hier böschte man die aus dem Barock überkommenen Terrassen auf, so daß ein muldiges, von Stauden und Gehölzen umschlossenes „Wiesental" entstand. Eine steinerne Juno und zwei Rindenhäuschen dienen dem intimen „Mathildengarten" als Schmuck.

Der Ludwigsburger Ostgarten teilt sich in gegensätzliche Partien. Im oberen Bereich schuf Nikolaus Friedrich Thouret über dem Weinberg einen rustikalen Rindenpavillon, dessen Salon im Obergeschoß man in der Art einer Weinlaube illusionistisch ausgemalt hatte. Unterhalb des Weinbergs ziehen sich die künstlichen Ruinen eines Aquädukts hin, in deren Nischen mythologische Figuren aufgestellt wurden. An die größten Bögen lehnt sich das elegant ausgestattete „Spielhaus". Dahinter errichtete man ein Gehege für eine *besondere Attraktion und Merkwürdigkeit*: König Georg III. von Großbritannien schenkte Friedrich, seinem Schwiegersohn, Känguruhs. Das *vollberechtigte Erstaunen* über die Tiere aus dem damals kaum bekannten Australien muß erheblich gewesen sein. Den ebenen Bereich vor den Arkaden dominiert der „Schüsselesee" mit kleiner Fontäne, malerisch plaziertem Kahn und exotisch anmutenden Entenhäuschen. An seinen Ufern gruppierte man Spieleinrichtungen, in denen sich die Hofgesellschaft dem Zeitvertreib widmete. Das Karussell von 1802 bildete sicherlich die Hauptattraktion: in dem kleinen Monopteros befanden sich lebensgroße Pferde und zwei Kutschen, die im Untergeschoß von Hand angetrieben wurden. Im gleichen Jahr vervollständigte man das Ensemble und transportierte Spielgeräte aus Hohenheim nach Ludwigsburg. Zwei Kegelbahnen, das „Schaukelhaus", die „Schiffchenschaukel" und die „Russische Schaukel" – ein Riesenrad mit vier Gondeln – komplettierten dieses Amusementquartier. Das Hoftagebuch vom Sommer 1803 nennt häufig *Gouter und Spiel in den Ruinen, Spiel und Souper im Spielhaus* oder *Spiel auf dem Spielplatz* mit Gästen oder im familiären Kreis. In den letzten Jahren restaurierte man den „Oberen Ostgarten" und rekonstruiert gegenwärtig einige der Gerätschaften. Die Anlagen um den „Schüsselesee" mit ihren unterhaltsamen, antikischen und ländlichen Staffagen sollten südlich-heitere Gefilde darstellen.

Hoch über dem „Unteren Ostgarten" thront die 1798/1802 erbaute künstliche Ruine der „Emichsburg". Auf dem Sporn eines Felsens gelegen, der durch die Nutzung des Geländes als Steinbruch entstanden war, überragte sie ein schattiges Tal und einen großen angelegten See.

Die „Burg" stellt den Sitz des sagenhaften Ahnherren des Hauses Württemberg dar. In politisch unsicheren Zeiten – Napoleon bedrohte den süddeutschen Raum – vergewisserte man sich der hohen Abstammung und Legitimation. Zugleich ist die Burgruine eines der beliebtesten Themen des „nordisch"-mittelalterlichen Gartens, der hier den romantischen Gegenpol zum lichtvollen, mediterranen „Oberen Ostgarten" verkörpert.

Von der Höhe rauscht ein Wasserfall zu Tal, und gewundene Pfade führen zur „Menagerie" hinab. Friedrich ließ um das „Aufseherhaus" 1799 einen Miniaturzoo einrichten, der neben einheimischem Federvieh auch Murmeltiere, Meerschweinchen und Goldhamster sowie „ägyptische Enten" – vom Feldzug Napoleons an den Nil – beherbergte. Eine Quelle speiste einen gewundenen Bach, der sich über einen kleinen Katarakt in den unteren See ergoß. Das Seeufer war von Rasen, Gebüschen und einem Rosenfeld umgeben. Über eine Tuffsteinbrücke gelangte man auf eine Insel, auf der sich ein Rindenhäuschen im chinesischen Stil erhob. So wurde die ländliche Szenerie in den Bereich des Exotischen erweitert.

Nach dem Tod König Friedrichs 1816 zog im Schloß und seinen Gärten Stille ein. Seine Witwe Charlotte Mathilde führte im Residenzschloß ein zurückgezogenes Leben. König Wilhelm I. (Regierungszeit 1816 bis 1864) hielt in Stuttgart Hof und ließ sich dort Schloß Rosenstein als sommerliches Landhaus erbauen. Die Ludwigsburger Gärten verfielen erneut, im Süden pflanzte man ertragbringende Obstbäume auf die „Bärenwiesen". Dennoch blieben die Konturen der friderizianischen Anlagen bis in unser Jahrhundert erhalten.

Das „Blühende Barock" im Wandel

1953/54 fiel die Entscheidung, die Gärten um das Ludwigsburger Schloß instandzusetzen. Hierbei dachte man zunächst an eine Restaurierung, die in einer temporären Blumenschau ihren krönenden Abschluß erhalten sollte. Schließlich verfolgte man die Linie, barocke Traditionen mit den zeitgemäßen Formen der 50er Jahre zu verbinden

und die Anlagen dauerhaft neu zu gestalten. Aus den kriegs-
zerstörten Städten des Südwestens zog das „Blühende Barock" ungeahnte Besucherströme in den mit bunten Blu-
menteppichen übersäten Park. Farbe sollte Frohsinn und
Unbeschwertheit in den grauen Alltag bringen. Auch die auf-
bruchsbetonte Wirtschaftswunderzeit spiegelte sich im Ludwigsburger Garten mit Dahlienschauen, Floriaden und Lich-
terfesten.

Hierfür wurden im Südgarten die alten Strukturen völlig
verändert und ein neobarockes Parterre angelegt. Je nach Jah-
reszeit ranken sich nun Osterglocken, Tulpen oder Stiefmüt-
terchen in großen Voluten über Rasenteppiche. Von Jahr zu
Jahr schuf man neue Attraktionen wie den bei Kindern allseits beliebten „Märchengarten" mit seiner „Wassermühle",
seiner „Herzogsschaukel", seinem Irrgarten und dem „Akti-
onshaus" oder dem kleinen „Japangarten", der die Auffas-
sungen der fernöstlichen Gartenkunst dokumentieren soll.
Große Volieren für Eulen und Exoten, die Flamingowiese
und die neue Orangerie bereichern Vielfalt und Fülle.

Seit den späten 80er Jahren vollzieht sich ein steter Wandel im „Blühenden Barock". Nach und nach sollen die
Schauelemente zugunsten der bedeutenden historischen
Substanz in den Hintergrund treten. Als Grundlage für eine
behutsame Rückführung dient ein Konzept, das sich am Zustand der Anlagen in der Regierungszeit König Friedrichs
orientiert. Dieses Ensemble aus klassizistischen Strömungen und englischem Landschaftsideal findet in der deutschen
Gartenkunst kaum Parallelen. Die Wiederherstellung der
königlichen Privatgärten und des Vorgartens, die Freilegung
des Weinbergs und die Restaurierung des „Spielhauses" sowie des „Schüsselesees" sind hervorragend gelungen und
spiegeln die Atmosphäre der Zeit um 1800. Im „Oberen Ostgarten" hat die Rekonstruktion der höfischen Spielgeräte begonnen. Am Ende der Arbeiten wird ein höfischer Spielbe-
reich, der in Deutschland nicht seinesgleichen besitzt,
wiedererstanden sein. Ludwigsburg erhält im Laufe der kom-
menden Jahre den harmonischen Zusammenklang von
Schloß und Garten zurück, der diese wundervolle Anlage in
allen Zeiten auszeichnete. Das Residenzschloß und Schloß
„Favorite" werden wieder mit ihrer gärtnerischen Umge-
bung zu einem einzigartigen Gesamtensemble vereint.

WEITERFÜHRENDE LITERATUR

Baden und Württemberg im Zeitalter Napoleons. Ausstellungskata-
log, drei Bände. Stuttgart 1987.

Eberhard Ludwig Herzog von Württemberg (1676–1733), Ausstel-
lungskatalog Schloß Ludwigsburg 1976.

Herzog Karl Eugen von Württemberg und seine Zeit. Hrsg. Württembergischer Geschichts- und Altertumsverein. Esslingen
1907/08.

900 Jahre Haus Württemberg. Leben und Leistung für Land und
Volk. Hrsg. Robert Uhland. Stuttgart 1984.

Baumgärtner, Walter: Die Erbauung des Ludwigsburger Schlosses.
Würzburg 1939.

Berger, Ute Christine: Die Feste des Herzogs Carl Eugen von Württemberg. Tübingen 1997.

Berger-Fix, Andrea/Merten, Klaus: Die Gärten der Herzöge zu Württemberg im 18. Jahrhundert. Katalog der Ausstellung in Schloß
Ludwigsburg. Worms 1981.

Burkhart, Axel: Nikolaus von Thouret (1767–1845). Dissertation
Stuttgart 1990 (ungedruckt).

Faerber, Paul: Nikolaus Friedrich von Thouret. Stuttgart 1949.

Fleischhauer, Werner: Barock im Herzogtum Württemberg. Stuttgart
1958.

Klaiber, Hans Andreas: Der württembergische Oberbaudirektor Philippe de La Guêpière. Stuttgart 1959.

Sauer, Paul: Der schwäbische Zar. Friedrich – Württembergs erster
König. Stuttgart 1984.

Schmidt, Richard: Schloß Ludwigsburg. München 1954.

Szymczyk, Elisabeth: Der Ludwigsburger Schloßgarten. Dissertation
Stuttgart 1988 (ungedruckt).

Weiß, Karl: Schloß Ludwigsburg. Stuttgart 1914.

Wenger, Michael: Schloß Ludwigsburg. Führer durch die Räume.
Heidelberg 1998.

Ders.: Schloß Ludwigsburg. Die Gesamtanlage. Residenzschloß –
Gartenanlagen – Schloß Favorite. Stadt Ludwigsburg. Schloß
Monrepos – Schloß Solitude. Heidelberg 1998.

*Eingang zum Vorderen
Schloßhof.*

Nach der Restaurierung der Figuren und Bekrönungen auf den Freipfeilern erstrahlt das Entrée zum Ludwigsburger Residenzschloß wieder in barocker Farbigkeit.

Als axialer Blickfang dient dem Vorderen Schloßhof die „Bildergalerie". Durch deren Portale gelangt man in den majestätischen Mittleren Hof der einstigen Residenz württembergischer Herzöge und Könige.

Künstlerische Zeugnisse des
Barock und des Empire stehen
sich in Ludwigsburg gegenüber:
hier das „Alte Corps de logis"
und der Brunnen des Mittleren
Schloßhofs.
Das Schloß entstand nach
dem Willen Herzog Eberhard
Ludwigs von Württemberg von
1704 bis 1733.

König Friedrich veränderte
große Teile der Raumfluchten
zwischen 1799 und 1816.

Der Blick in den weitläufigen Mittleren Schloßhof – mit dem „Alten Corps de logis", dem „Riesenbau" und dem „Östlichen Kavalierbau" – zeigt, daß die Gesamtanlage aus einzelnen Palais-Blöcken besteht, die im Lauf der fast dreißigjährigen Baugeschichte aneinandergefügt wurden.

In die figurenumringte, barocke Kartusche am „Alten Corps de logis" ließ König Friedrich sein Monogramm „FR" – Fridericus Rex – einsetzen. Im Verein mit der ebenfalls nachträglich aufgesetzten Königskrone ließ er so den Aufstieg Württembergs zum Königreich unter seiner Herrschaft präsentieren.

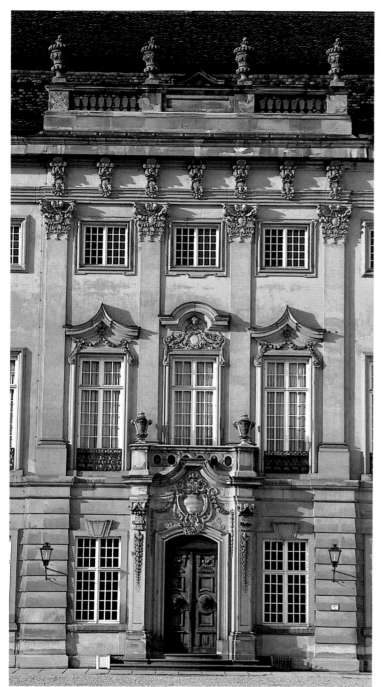

Der kraftvolle Risalit des „Ordensbaus" (1709 bis 1712) dokumentiert nicht nur das Können des Baumeisters Johann Friedrich Nette, sondern auch seine Verbundenheit mit dem böhmisch-österreichischen Barock.

Donato Giuseppe Frisoni schuf
1725 bis 1733 das „Neue Corps
de logis", dessen Beletage
sich nur wenig über das
Gartenniveau erhebt und so
eine herrliche Kommunikation
zwischen Architektur und
Garten eingeht.

Allegorische Figuren und ein
Reigen von Göttern und
Göttinnen bevölkern die Dach-
balustraden am „Alten" und
am „Neuen Corps de logis".

In Luca Antonio Colombas
Amoretten-Bachanal im „Satyr-
Kabinett" des ehemaligen Erb-
prinzen-Appartements herrscht
an der Decke berauschtes
Getümmel und frivole Aus-
gelassenheit.

Die „Marmorsaletta" im „Jagdpavillon" stellt mit ihren
Stuckmarmor-Inkrustationen,
den prächtigen Kaminen und
den reichen Deckengestaltun-
gen einen Höhepunkt der
barocken Dekorationskunst im
Ludwigsburger Schloß dar.

54

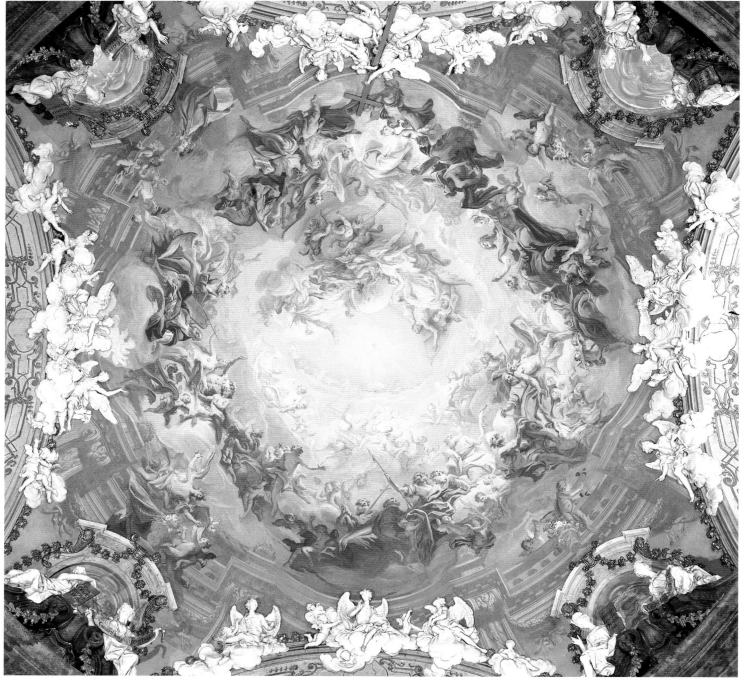

56

Carlo Carlone malte die „Glorie der Trinität“ in der Schloßkirche. Dem evangelischen Glauben des Bauherren trug er Rechnung, indem nur Figuren aus dem Alten Testament und die zwölf Apostel die Dreifaltigkeit umjubeln.

In der Schloßkirche Donato Giuseppe Frisonis wird der Triumphbogen-Altar mit der „Einsetzung des Abendmahls“ (von Carlo Carlone) von den Figuren Salomos und Davids flankiert.

Einige Jahre nach der Schloßkirche freskierte Carlo Carlone
1731 bis 1733 einen weiteren
wichtigen Raum des Schlosses:
die „Ahnengalerie". In der
zentralen Szene entsendet das
„Gute Regiment" die „Freige-
bigkeit" zu den Künsten.

An den Wänden der „Ahnen-
galerie" prangen Bildnisse aller
württembergischen Herrscher
seit der Erhebung des Landes
zum Herzogtum (1495).

*Reizvolle Stuckreliefs setzen
wesentliche Akzente in der üppigen Dekoration der „Östlichen Galerie". Hier verkörpert
die Göttin Demeter die Erde in
der Folge „die Vier Elemente".*

Ungewöhnlich früh verzichtete
Johann Friedrich Nette bei
der Gestaltung der „Östlichen
Galerie" auf eine Architektur-
gliederung und ließ das Orna-
ment dominieren. Die reiche
Ausstattung spielt auf den
Kriegsruhm Herzog Eberhard
Ludwigs an.

Unter der Herrschaft Carl Eugens hielt das Rokoko Einzug in Ludwigsburg. Für Elisabeth Friederike Sophie, seine erste Gemahlin, ließ der katholische Herzog 1746 bis 1748 eine evangelische Kirche einrichten (heute Ordenskapelle). Livio Retti ließ sich bei den kühltonigen Deckenfresken durch Werke Giovanni Battista Tiepolos inspirieren.

Elegante Schnitzereien und Stukkaturen umrahmen die Gesellschaftsszene von Matthäus Günther im zweiten Vorzimmer des Privatappartements.

Die erlesenen Raumausstattungen im Privatappartement Herzog Carl Eugens entwarf der in Paris geschulte Architekt Philippe de La Guêpière.

Herzog Friedrich II. – 1803 Kurfürst und 1806 König von Württemberg – ließ große Teile der Räumlichkeiten in der Beletage des Schlosses im Geschmack des Empire verändern. Zahlreiche künstlerisch hochkarätige Objekte – hier eine Empirevase der Ludwigsburger Porzellanmanufaktur – zieren die königlichen Appartements.

Bei der Dekoration des „Registraturzimmers" im „Neuen Corps de logis" (um 1804) griff der Architekt Nikolaus Friedrich Thouret auf Motive der Grotesken-Mode der italienischen Spätrenaissance zurück.

Nach dem Tod König Friedrichs 1816 erwählte Königin Charlotte Mathilde Ludwigsburg zum Witwensitz. Nun erst wurden ihre Gemächer im Empire-Stil verändert; hier das „Schlafzimmer der Königin".

Erlesenes Mobiliar im „Assembléezimmer der Königin"; im Hintergrund der Tisch aus dem zerstörten „Blauen Marmorsaal" des Neuen Schlosses in Stuttgart und im Vordergrund ein Tisch im ägyptischen Geschmack (1812).

*Württembergs Schicksal hing
zwischen 1805 und 1815 von
Kaiser Napoleon I. von Frankreich ab. Er vergrößerte das
Land und veranlaßte die Erhebung zum Königreich.
Das Gobelinbildnis im Vorzimmer ist ein Geschenk Napoleons I. an seinen Verbündeten
Friedrich.*

Die Empire-Kaminuhr von Claude Galle (1806) im „Konferenzzimmer" ist mit einer Szene aus dem Krieg der Römer gegen die Sabiner geschmückt.

Prunkvase im „Vorzimmer des Königs", gefertigt von Joseph Hirschvogel nach dem Entwurf von Antonio Isopi, 1811.

Die Figuren am eleganten früh-
klassizistischen Sockeltisch
(um 1790) im „Vorzimmer der
Köngin" sind vermutlich durch
Heinrich Dannecker inspiriert.

Diana bekrönt einen der schön-
sten Empireleuchter (um 1810)
im Residenzschloß. Jagdhunde,
Eberköpfe und fliehende Hir-
sche vervollständigen das der
Jagdgöttin gewidmete Prunk-
stück im „Vorzimmer des
Königs".

Blick durch das „Audienz-
zimmer des Königs" – mit den
Greifen-Tischen von Antonio
Isopi – in die Enfilade des
„Neuen Corps de logis".

Der „Marmorsaal" im „Neuen
Corps de logis", den Nikolaus
Friedrich Thouret 1816 klassizistisch umgestaltet hat, besitzt
die Wirkung eines gewaltigen
Gartentempels. Er bildet den
prachtvollen Höhepunkt der
Empfangsräume, erschließt die
beiden großen Appartements
und leitet über eine Freitreppe
in den Südgarten.

Johann Heinrich Klinckerfuß
war im Zeitalter des Empire
einer der bedeutendsten Ebenisten in Süddeutschland. Im
„Schlafzimmer des Königs"
sieht man Möbel aus seiner
und aus der Werkstatt seines
berühmten Lehrers David
Roentgen.

Das „Arbeitszimmer der Königin" ist ein später und sehr viel
strengerer „Nachfahre" der
verspielten Spiegelkabinette des
18. Jahrhunderts.

76

77

Schloß „Favorite" erstrahlt seit
der Restaurierung, die 1982
abgeschlossen wurde, wieder
in der leuchtenden Farbigkeit
des 18. Jahrhunderts.

Frühlings-Tulpenrabatte des
„Blühenden Barocks" im Ludwigsburger Südgarten. In einigen Jahren soll dieser, von der
farbenhungrigen Nachkriegszeit
geprägte Gartenbereich wieder
dem Aussehen des Schloß-
gartens in der Zeit um 1800
angenähert werden.

*Partie im historisch rekon-
struierten Privatgarten König
Friedrichs.*

Die künstliche Ruine „Emichsburg" auf dem Felsen über dem
im englischen Stil angelegten
„Unteren Ostgarten".
Sie wurde 1798 bis 1802 als
vermeintliche Heimstatt des
Ritters Emich geschaffen, dem
sagenhaften Stammvater des
Hauses Württemberg.

Ab 1798 entstanden die Ludwigsburger Gärten im neuen
Zeitgeschmack: die Ostgärten
als englischer Landschaftspark,
der Südgarten – hier das Parterre im Vorgarten – im strengen
Empire-Stil.

Im „Blühenden Barock" legte
man dieses Broderie-Parterre
an, das historische Vorbilder
nachahmt.

Galanter Amoretten-Tanz im
Ludwigsburger Südgarten.

84